LES
PÊCHERIES DE PHOQUES

DE

LA MER DE BEHRING

QUESTIONS DE DROIT INTERNATIONAL SOUMISES AU TRIBUNAL D'ARBITRAGE, CONSTITUÉ PAR L'ANGLETERRE ET LES ÉTATS-UNIS.

PAR

Maurice TILLIER

DOCTEUR EN DROIT

LIBRAIRIE

De la Société du Recueil J.-B. Sirey, & du Journal du Palais

Ancienne Maison L. LAROSE & FORCEL

22, Rue Soufflot, PARIS, Vᵉ Arrᵗ.

L. LAROSE & L. TENIN DIRECTEURS

1906

LES PÊCHERIES DE PHOQUES

DE

LA MER DE BEHRING

LES
PÊCHERIES DE PHOQUES

DE

LA MER DE BEHRING

QUESTIONS DE DROIT INTERNATIONAL SOUMISES AU TRIBUNAL D'ARBITRAGE, CONSTITUÉ PAR L'ANGLETERRE ET LES ÉTATS-UNIS.

PAR

Maurice TILLIER

DOCTEUR EN DROIT

LIBRAIRIE

De la Société du Recueil J.-B. Sirey, & du Journal du Palais

Ancienne Maison L. LAROSE & FORCEL

22, Rue Soufflot, PARIS, V⁰ Arr¹.

L. LAROSE & L. TENIN DIRECTEURS

1906

LES PÊCHERIES DE PHOQUES

DE

LA MER DE BEHRING

INTRODUCTION

Au mois d'août 1886, trois schooners anglais se livrant à la pêche des phoques à fourrure dans la mer de Behring furent capturés par le croiseur américain « Corwin » alors qu'ils se trouvaient à des distances de terre variant entre 75 et 115 milles marins c'est-à-dire bien en dehors des eaux territoriales des États-Unis. Amenés dans un port de l'Alaska par le croiseur qui les avait amarinés, ces trois navires, « Thornton », « Carolena », « Onward », furent déférés au tribunal américain compétent : la saisie fut déclarée « régulière les bâtiments ayant été trouvés se livrant « à la capture des phoques dans les limites du ter- « ritoire de l'Alaska et des eaux qui en dépendent, et « ayant ainsi violé l'article 1956 des Statuts révisés

« des États-Unis d'Amérique. » Les patrons et les maîtres furent condamnés à l'amende et emprisonnés.

On comprend, sans qu'il soit besoin d'insister, quelle émotion un fait de ce genre dut produire en Angleterre où l'opinion publique est si surexcitable, lorsqu'il s'agit d'une attaque quelconque, surtout d'une attaque sur mer, contre le pavillon national. L'idée qu'un navire portant à sa corne les couleurs anglaises n'est pas à l'abri, quoi qu'il arrive, de toute insulte de la part des autres nations du globe, ne pénètre pas facilement dans un cerveau anglais; et il est permis de croire qu'il y a quelque cent ans, le gouvernement britannique, n'eut pas hésité un seul instant à considérer l'action des États-Unis comme une provocation qu'il ne pouvait supporter sans y répondre par une déclaration de guerre. Mais l'adversaire, qu'en 1886, il s'agissait de combattre, était de ceux avec lesquels on compte, et on avait pu voir, vingt ans auparavant, lors de l'arbitrage de « l'Alabama » que cet adversaire n'hésitait pas, lui non plus, à exiger le respect de ses droits. Aussi estima-t-on à Londres qu'il était plus sage et plus prudent de laisser se calmer l'opinion publique surexcitée, et de suivre la voie, moins dangereuse, de paisibles négociations.

Il est intéressant de citer à ce sujet les termes mêmes du Livre bleu présenté à la Chambre des Communes en 1893. On lit dans dans le préambule :

« D'autres navires furent ensuite saisis en dehors des
« eaux territoriales, et il ne fut plus permis aux ma-
« rins anglais de se livrer à la pêche. Le gouverne-
« ment de Sa Majesté protesta contre cette action des
« États-Unis : des négociations s'engagèrent et elles
« aboutirent au Traité et à la convention signés à
« Washington le 29 février et le 18 avril 1892. »

Comme on le voit, sans invoquer le grand principe de la liberté des mers, sans paroles de menace,
sans récrimination et même sans apparence de mau-
vaise humeur, le gouvernement anglais conclut qu'il
y avait simplement matière à pourparlers, comme,
dans une contestation ordinaire et quelconque. Tandis qu'on peut lire, dans le même Livre bleu, les
instructions suivantes données par le Foreign Office
en 1824 à son délégué envoyé à Saint-Pétersbourg
pour exiger l'abrogation d'un ukase par lequel le tzar
réclamait la souveraineté jusqu'à cent milles des côtes
de la mer de Behring pour ce même but de la protection des phoques à fourrure : « La prétention de la
« Russie ne peut être plus longtemps admise et va
« nous obliger à prendre des mesures publiques et
« effectives contre elle. »

Quel changement de ton à soixante-dix ans de
distance et n'était-il pas intéressant de le signaler ?

Sans doute le génie pratique de l'Angleterre l'a toujours empêchée d'adopter la fière devise du Sénat
romain « *debellare superbos* » et on l'a rarement vue

s'engager dans une lutte ouverte, sans alliances effectives et profitables, lui donnant la quasi-certitude de la victoire finale. Mais une différence d'attitude comme celle que nous notons ici, entre deux périodes aussi rapprochées du siècle dernier, dans une contestation où se trouvaient engagés des principes dont elle a toujours prétendu être la gardienne indiscutée et jalouse, doit quand même laisser entrevoir, dans un avenir plus ou moins lointain, l'époque où elle fera moins souvent appel à la force brutale contre les faibles, avant d'avoir essayé des moyens de conciliation.

Quoi qu'il en soit, dès que des négociations furent engagées à propos de la capture en haute mer de navires se livrant à la pêche d'animaux à mœurs aussi spéciales que les phoques à fourrure, il apparut de suite que les prétentions des États-Unis allaient soulever de nombreuses et intéressantes questions de droit international, et il devint dès lors évident que la seule solution possible d'un litige aussi complexe était celle consistant à avoir recours à un Tribunal d'Arbitrage.

Après de longues et laborieuses négociations ce Tribunal fut constitué, par un traité en due forme, signé à Washington le 29 février 1892.

Comme on le verra, les questions posées au Tribunal dans le texte du Traité, qui sont au nombre de cinq, peuvent, en dernière analyse, se résumer dans les deux propositions suivantes : 1° La Russie a-t-elle exercé un droit de juridiction exclusive dans la mer de Behring et a-t-elle affirmé des droits exclusifs sur les pêcheries de phoques de cette mer — juridiction et droits qui seraient passés aux États-Unis par la cession de l'Alaska consentie par la Russie ? — 2° Les États-Unis ont-ils un droit de propriété et de protection sur le troupeau des phoques à fourrure qui fréquentent certaines îles de la mer de Behring ?

Nous avons pris pour sujet de notre thèse l'examen des questions de droit international contenues dans ces deux propositions, questions qui furent présentées et soutenues devant le tribunal d'arbitrage par les conseils des deux parties : mais avant d'entrer dans la discussion il est indispensable que nous exposions, dans des chapitres préliminaires :

1° Les clauses et conditions du Traité d'Arbitrage, puisque c'est sur le texte des cinq questions posées dans ce traité que les deux parties eurent à plaider et que les arbitres eurent à rendre leurs sentences ;

2° Un historique succinct de la prise de possession par la Russie des régions environnant la mer de Behring et un résumé des actes législatifs par laquelle elle organisa sa souveraineté, puisque les opinions soutenues de part et d'autre, devant le Tribunal, relativement à la juridiction russe, furent basées, nécessairement, sur ces faits ;

3° Un exposé, quelque peu détaillé des mœurs des

phoques à fourrure, puisque les questions de droit soulevées au sujet de la propriété et de la protection des phoques furent forcément examinées en tenant compte des habitudes toutes spéciales de ces animaux.

Ce sera le sujet de nos trois premiers chapitres.

CHAPITRE PREMIER

**Constitution du Tribunal d'Arbitrage. — Questions
posées aux Arbitres.**

Comme nous n'avons pas en vue, dans cette étude,
l'examen de la procédure en matière d'arbitrage,
mais bien, exclusivement, ainsi que nous venons de
le dire la discussion des questions de droit international que le tribunal a eues à envisager, il est
inutile que nous citions, dans son entier, le texte
du traité de constitution : il suffira, pour notre objet,
de donner les textes des articles VI et VII dudit
traité ; seuls articles où soient posées les questions
sur lesquelles les juges ont eu à rendre leurs sentences. Nous dirons seulement, en outre, parce que
nous aurons aussi à revenir sur ce point, que par
l'article IX les hautes parties contractantes convin-
rent que deux commissaires seraient nommés par
chaque gouvernement pour faire une enquête conjointement avec les commissaires de l'autre gouvernement sur tous les faits se rapportant à la vie des
phoques dans la mer de Behring et sur les mesures

à adopter pour leur protection et préservation. Les commissaires pouvant, s'ils se mettaient d'accord, remettre un rapport commun à chacun des deux gouvernements et pouvant aussi, soit conjointement, soit séparément, faire un rapport sur tous les points au sujet desquels ils ne parviendraient point à s'entendre. Les dits rapports ne devaient pas être publiés avant d'avoir été remis aux Arbitres (1).

---

1. Les articles 1 et 2 du traité réglaient la composition du Tribunal et fixaient que les Arbitres se réuniraient à Paris.

Le Tribunal fut composé comme suit : Nommés :

Par l'Angleterre : le très-honorable Lord Hannen et l'honorable sir John Thompson.

Par le Président de la République française : le baron Alphonse de Courcel, ambassadeur de France.

Par le roi d'Italie : le marquis Emilio Visconti Venosta, ancien ministre des affaires étrangères et sénateur du royaume d'Italie.

Par le roi de Suède et de Norvège : M. Gregers Gram, ministre d'État.

Par les Etats-Unis d'Amérique : l'honorable John. M. Harlan, juge de la cour suprême des Etats-Unis et le sénateur John. T. Morgan.

L'Angleterre désigna, comme son agent, l'honorable Charles H. Tupper, ministre de la marine et des pêcheries du Dominion du Canada ; les États-Unis, de leur côté, désignèrent M. John. W. Foster.

Le Tribunal s'adjoignit, comme secrétaires et sous-secrétaires : M. A. Imbert, ministre plénipotentiaire de France ; M. A. Bailly-Blanchard ; M. Cunynghame, M. Bajnotti, M. Henri Feece et M. de Banneville.

Dans la première séance, M. de Courcel fut nommé président par

Le texte des articles VI et VII est le suivant d'après la traduction adoptée par le Tribunal et publiée en français dans un document du ministère des affaires étrangères intitulé : Sentences, Déclarations et Protocoles des séances. (Paris 1894).

ARTICLE VI

En vue de la décision des questions soumises aux Arbitres, il est entendu que les cinq points suivants leur seront soumis, afin que leur sentence comprenne une décision distincte sur chacun desdits cinq points, savoir :

1. Quelle juridiction exclusive dans la mer aujourd'hui connue sous le nom de mer de Behring et quels droits exclusifs sur les pêcheries de phoques dans cette mer la Russie a-t-elle affirmés et exercés avant et jusqu'à l'époque de la cession de l'Alaska aux États-Unis?

---

les Arbitres et il fut décidé que les audiences seraient publiques sur la présentation de cartes nominatives.

La première réunion des arbitres eut lieu au quai d'Orsay, le 23 février 1893 : De cette date au 18 août de la même année le Tribunal tint 55 audiences. Se conformant toujours très strictement aux prescriptions de l'instrument diplomatique qui le constituait, il entendit les plaidoiries des avocats, examina les mémoires et contre-mémoires déposés devant lui, prit connaissance des rapports de la commission des experts, et le 18 août. en séance plénière et publique, fit connaître ses sentences.

2. Jusqu'à quel point la revendication de ces droits de juridiction, en ce qui concerne les pêcheries de phoques, a-t-elle été reconnue et concédée par la Grande-Bretagne?

3. L'espace de mer aujourd'hui connu sous le nom de mer de Behring était-il compris dans l'expression *Océan Pacifique*, telle qu'elle a été employée dans le texte du traité conclu en 1825 entre la Grande-Bretagne et la Russie, et quels droits, si droits il y avait, la Russie a-t-elle possédés et exclusivement exercés dans la mer de Behring après ledit traité ?

4. Tous les droits de la Russie, en ce qui concerne la juridiction et en ce qui concerne les pêcheries de phoques, dans la partie de la mer de Behring qui s'étend à l'est de la limite maritime déterminée par le traité du 30 mars 1867 entre les États-Unis et la Russie, ne sont-ils pas intégralement passés aux États-Unis en vertu de ce même traité?

5. Les États-Unis ont-ils quelque droit, et, en cas d'affirmative, quel droit ont-ils, soit à la protection, soit à la propriété des phoques à fourrure qui fréquentent les îles appartenant aux État-Unis dans la mer de Behring, quand ces phoques se trouvent en dehors de la limite ordinaire des trois milles?

ARTICLE VII

Si la décision des questions qui précèdent, en ce qui concerne la juridiction exclusive des États-Unis,

laisse les choses en tel état que le concours de la
Grande-Bretagne soit nécessaire pour l'établissement
de règlements en vue de la protection et de la préservation convenables des phoques à fourrure habitant ou fréquentant la mer de Behring, les Arbitres auront à déterminer quels règlements communs
sont nécessaires, en dehors des limites de la juridiction des gouvernements respectifs, et sur quelles
eaux ces règlements devraient s'appliquer ; et,
pour « les aider dans cette détermination, le rapport
« d'une commission annexe, qui sera nommée par
« les gouvernements respectifs sera soumis aux Arbi-
« tres avec toute autre preuve que chaque gouver-
« nement pourra soumettre (1). »

Les Hautes Parties contractantes s'engagent en
outre à réunir leurs efforts pour obtenir l'adhésion
d'autres puissances à ces règlements.

On éprouverait beaucoup de difficultés à comprendre, sinon le sens des cinq questions posées, du moins
la raison qui leur a fait donner cette forme, si on
n'était pas au courant des négociations diplomatiques qui ont précédé la conclusion du traité lui-
même ; il est donc indispensable que nous résumions
tout d'abord, brièvement, au point de vue qui nous

---

1. La fin de l'article comprise entre guillemets n'a pas été traduite
dans l'ouvrage auquel a été emprunté le texte des deux articles.

intéresse, les correspondances échangées entre les
cabinets de Londres et de Washington de 1887 à
1892. Du reste, il est fait allusion à l'interprétation
même des notes diplomatiques par les conseils des
deux parties dans leurs Mémoires, et à ce titre aussi,
il est nécessaire que nous les fassions connaître pour
y renvoyer le lecteur. Cette correspondance n'a pas
été publiée dans son entier; mais ce que les gouvernements de la Grande-Bretagne et des États-Unis en
ont fait paraître dans les Livres bleus présentés aux
parlements des deux pays, suffit pour suivre assez
exactement la marche des négociations qui s'engagèrent à la suite de la saisie des premiers navires anglais,
dans la mer de Behring, au mois d'août 1886.

L'enquête relative à la saisie de ces navires prit
beaucoup de temps. Dès que Lord Salisbury fut en
possession des rapports et des jugements rendus par
la Cour des États-Unis du district d'Alaska, il fit savoir
au cabinet de Washington que, d'après les traités
de 1824 et de 1825 entre la Russie et les États-Unis
et la Grande-Bretagne, ces saisies devaient être considérées comme illégales. Il prend note que les actes
d'accusation établissent qu'ils (les navires) ont été
saisis pour avoir tué des phoques à fourrure dans les
limites du Territoire de l'Alaska et dans les eaux
qui en dépendent, en violation de l'article 1956 des
Statuts révisés des États-Unis et que le commandant Abbey, chef des forces navales américaines,

a affirmé que les navires avaient été capturés dans les eaux de l'Alaska et du Territoire de l'Alaska alors que, suivant sa propre déposition, ils se trouvaient à 70,75 et 115 milles respectivement au SSE. de l'île Saint-Georges. « On reconnaît donc que les « saisies en question ont été faites à une distance « de terre dépassant, de beaucoup, la limite de la « juridiction maritime que toutes les nations récla- « ment d'après la loi internationale: et il est à peine « nécessaire d'ajouter que cette limite ne peut être « changée par une loi nationale quelle qu'elle soit. « La prétention ainsi émise paraît être fondée sur « un titre exceptionnel qui aurait été remis aux « États-Unis par la Russie lors de la cession du Ter- « ritoire de l'Alaska. Cette prétention d'une juridic- « tion exclusive sur la mer de Behring tout entière « n'a jamais été admise, ni par l'Angleterre ni par « les États-Unis d'Amérique. »

Tout d'abord le gouvernement de Washington ne répondit pas à la question ainsi posée. Il adressa des notes aux diverses puissances où il soutint : qu'il s'agissait d'une propriété particulière pouvant justifier l'exercice d'une juridiction maritime exceptionnelle ; que la préservation de l'espèce des phoques à fourrure intéressait l'humanité dans son ensemble; et qu'il lui paraissait sage d'adopter, en commun, des mesures pour protéger ces animaux contre une destruction imminente.

C'est sur ce terrain que se maintint la discussion entre Washington et Londres de 1887 à 1890.

Le 22 janvier de cette année 1890, sir Julian Pauncefote, ministre d'Angleterre aux États-Unis, reçut de M. Blaine, secrétaire d'État pour les affaires étrangères — qui avait succédé à M. Bayard — une note dans laquelle le gouvernement américain, sans abandonner le terrain sur lequel il s'était primitivement placé, s'appuyait sur un argument nouveau.

M. Blaine écrivait en effet : « Dans l'opinion du « Président, les navires arrêtés et saisis dans la mer « de Behring étaient engagés dans une poursuite qui « est, en elle-même, *contra bonos mores*, poursuite « qui, de toute nécessité, comporte une injure sé- « rieuse et permanente contre les droits du gouver- « nement et du peuple des États-Unis. Pour établir « ce fait, il n'est nullement nécessaire d'envisager la « question de l'étendue et de la nature de la souve- « raineté de ce gouvernement sur les eaux de la mer « de Behring ; il n'est pas nécessaire d'exposer, et « certainement moins encore de définir, les pouvoirs « et privilèges cédés par S. M. Imp. l'Empereur de « Russie dans le traité par lequel le Territoire de « l'Alaska a été transféré aux États-Unis. Les con- « sidérations de haute valeur résultant de l'acquisi- « tion de ce territoire avec tous les droits sur la « terre et les eaux qui y sont inséparablement mélan- « gés, peuvent être laissées de côté, étant données

« les bases sur lesquelles s'appuie ce gouvernement
« pour la justification des actes dont se plaint le
« gouvernement de Sa Majesté. »

La pratique de la pêche pélagique (1), ajoute
M. Blaine, entraînera, inévitablement, la disparition
des espèces de phoques à fourrure. Et il reprend son
argumentation comme suit :

« Dans l'opinion de ce gouvernement, la Loi de la
« mer n'est pas une absence de lois (lawlessness).
« La Loi de la mer et la liberté qu'elle confère et
« protège ne peuvent être détournées de leur but
« pour justifier des actes qui sont immoraux en
« eux-mêmes et qui sont inévitablement contre l'in-
« térêt et le bien-être du genre humain. Que le gou-
« vernement de Sa Majesté fasse un pas de plus dans
« ce sens et la piraterie trouve sa justification. »

Dans une autre note M. Blaine avait écrit :

Des questions légales et diplomatiques qui paraissent tout d'abord compliquées, se trouvent souvent,

---

1. Nous trouvons, ici pour la première fois, cette expression de
pêche pélagique, c'est-à-dire de pêche en pleine mer : comme on le
verra, les États-Unis ont toujours et énergiquement soutenu que la
capture des phoques à la mer, et le massacre sans règle ni mesure
qu'en faisaient les pêcheurs du large devaient entraîner, à bref délai,
la disparition complète de l'espèce. En dernière analyse ils n'ont
jamais demandé autre chose que la suppression de cette pêche.

après une discussion prolongée, dépendre d'un point unique. Telle est, de l'avis du Président, la position dans laquelle la Grande-Bretagne et les États-Unis se trouvent relativement à la controverse qui a trait à l'exacte interprétation des traités russo-américain et anglo-russe de 1824 et 1825. La Grande-Bretagne soutient que, par les mots « Océan Pacifique » tels qu'ils sont employés dans les traités, on avait l'intention de désigner et qu'on a désigné l'espace de mer qui est connu sous le nom de mer de Behring. Les États-Unis soutiennent que la mer de Behring n'est pas pas mentionnée et qu'il n'y est pas fait allusion, ni dans l'un ni dans l'autre des traités et n'a jamais été comprise dans les termes « Océan Pacifique ». Si la Grande-Bretagne peut établir que la mer de Behring, au temps des traités, était considérée, par les trois Puissances qui les ont signés, comme faisant partie de « l'Océan Pacifique », le gouvernement des États-Unis n'a rien à objecter. Si, au contraire, ce gouvernement peut prouver, sans qu'il reste, à cet égard, aucun doute, que la mer de Behring, à l'époque des traités de 1824 et 1825 avec la Russie était considérée, par les trois Puissances, comme un espace de mer séparé et n'était pas comprise dans les termes « Océan Pacifique », alors la revendication des États-Unis contre la grande-Breta-tagne est justifiée et inattaquable.

Dans cette même note, M. Blaine désavoue avoir

jamais eu la prétention de considérer la mer de
Behring comme *mare clausum*, mais soutient que
l'Ukase qui donnait une juridiction sur 100 milles
à partir de la côte de cette mer, n'a jamais été rap-
porté par la Russie. Il soutient également que la
Grande-Bretagne et les États-Unis ont reconnu et
respecté l'autorité de la Russie pendant plus de quarante ans après les traités, et, enfin il conclut en
réclamant, pour les États-Unis, le droit d'occuper,
dans un but spécial et déterminé « une étendue com-
parativement restreinte de la dite mer. »

Voici, du reste, une partie de la note : « Les hom-
« mes d'État anglais de cette époque (l'époque des
« traités) ont, comme je l'ai fait remarquer ci-des-
« sus, essayé de contester l'Ukase de l'Empereur
« Alexandre en ce qui a trait à la côte de l'Océan
« Pacifique, du 51° au 60° degré de latitude nord ;
« mais il reste effectif, relativement aux rivages de
« la mer de Behring, et il n'y a aucune preuve que
« l'Empereur de Russie l'ait annulé sur ce point. Les
« États-Unis, réclament et sur une partie limitée
« de la mer de Behring, pendant une certaine
« période de l'année, un contrôle suffisant pour
« assurer la protection des pêcheries de phoques à
« fourrure déjà menacées d'une entière destruction
« par les navires des pêcheurs canadiens. L'assertion
« répétée que le gouvernement des États-Unis de-
« mande à ce que la mer de Behring soit reconnue

« comme *mare clausum,* est sans aucun fondement.

« Le gouvernement américain n'a jamais réclamé ni
« désiré une telle chose. Il le désavoue formellement.
« Mais, en même temps, d'après les jurisconsultes
« les plus célèbres, pour leur connaissance de la loi
« internationale, les États-Unis ont toute autorité
« pour occuper une portion restreinte de cette mer
« afin de protéger les phoques à fourrure. Contrôler
« un espace de mer relativement restreint n'est nul-
« lement l'équivalent de la déclaration que cette mer
« est *mare clausum.* A cette argumentation de
« M. Blaine, Lord Salisbury répond, en écrivant à
« Sir Julian Pauncefote. »

« Le résultat de la discussion entre les deux gou-
« vernements a été de rétrécir l'étendue de la con-
« troverse. Il est maintenant très clair que les con-
« seils du Président ne réclament pas la mer de
« Behring comme *mare clausum,* et en fait ils répu-
« dient toute conclusion en ce sens. Ils ne s'appuient
« pas, non plus, pour justifier la saisie des navires
« anglais en pleine mer sur la prétention que les inté-
« rêts des pêcheries donnent au gouvernement des
« États-Unis aucuns droits autres que ceux qu'ils
« possèdent, dans ce but, d'après la loi internatio-
« nale. Quelle que soit l'importance qu'ils attachent
« à la préservation de l'espèce des phoques à four-
« rure — et ils considèrent, à juste titre, que ce résul-
« tat aurait beaucoup d'importance — ils n'admettent

« point que cela puisse conférer à une Puissance
« maritime quelconque des droits sur la mer ouverte
« que cette Puissance ne pourrait pas justifier sur
« d'autres raisons. La prétention des États-Unis d'em-
« pêcher la pêche pélagique pour les autres nations
« dans la mer de Behring repose maintenant, exclu-
« sivement, sur la part qu'ils ont acquise, par achat
« dans l'Ukase de l'Empereur Alexandre promulgué
« en 1821 qui interdit aux navires étrangers d'appro-
« cher à plus de cent milles italiens des côtes et des
« îles alors appartenant à la Russie dans la mer de
« Behring. »

« En réponse à cette note, M. Blaine, le 14 avril
« 1891, fait parvenir au gouvernement anglais la
« déclaration suivante :

« Dans l'opinion du Président, lord Salisbury erre
« étrangement en émettant l'opinion ci-dessus. Et ils
« ne s'appuient pas (les conseils du Président) pour
« justifier la saisie des navires anglais en pleine mer
« sur la prétention que les intérêts des pêcheries de
« phoques donnent au gouvernement des États-Unis
« aucun droit qu'il ne posséderait pas d'après la loi
« internationale. Le gouvernement des États-Unis
« soutient justement le contraire : il maintient que
« la propriété des îles sur lesquelles les phoques se
« reproduisent, que les habitudes des phoques de
« revenir régulièrement sur ces îles, d'y élever
« leurs jeunes, que le fait qu'ils quittent ces îles

« pour chercher leur nourriture et y revenir ensuite
« et que tous les faits et incidents de la vie des pho-
« ques sur ces îles, donnent aux États-Unis un inté-
« rêt de propriété : que cette propriété a été récla-
« mée par la Russie qui en a joui durant tout le
« temps,qu'elle a été souveraine de la terre et des
« eaux de l'Alaska : que l'Angleterre a reconnu cette
« propriété, tout au moins autant qu'elle pouvait être
« reconnue par l'abstention complète de toute ingé-
« rence aussi longtemps que la Russie a été souve-
« raine dans l'Alaska et pendant dix-neuf années
« à partir du moment où la souveraineté a été trans-
« férée aux États-Unis.

« Il y a par conséquent lieu de rechercher si l'ac-
« tion illégale des bâtiments canadiens en 1886 et
« dans les années suivantes a pu modifier en quoi
« que ce soit l'état légal existant antérieurement. »

On comprend, maintenant, le sens et le pourquoi
des cinq questions posées dans l'article VI du traité,
sens qui eût été difficilement compréhensible avant
les explications précédentes.

C'est à la fin de 1890 que, pour la première fois,
M. Blaine avait fait allusion à un règlement des difficultés pendantes par la voie de l'arbitrage. Lorsque l'idée fut acceptée par le gouvernement anglais,
il rédigea, en prenant précisément comme bases les
arguments mis en avant par les États-Unis, au cours
des négociations, le texte des traités.

Il fallut une assez longue correspondance pour arriver à un accord sur ces textes, surtout sur celui de la cinquième question. On éprouva aussi d'assez sérieuses difficultés à s'entendre sur les articles VII et IX d'après lesquels une commission, qu'on aurait pu désigner sous le nom de commission d'expertise (Joint-Commission), fut nommée pour « faire des recherches et rédiger un rapport sur tous les faits relatifs à la vie des phoques dans la mer de Behring, et sur les mesures indispensables à adopter pour leur protection. » Avec des concessions réciproques, qui furent surtout appréciables de la part de l'Angleterre, on parvint, en dernière analyse, à l'adoption d'un texte définitif qui est celui dont nous avons donné ci-dessus la traduction : mais ce fut seulement à la date du 19 février 1892 que les ratifications et les signatures furent échangées à Washington entre M. Blaine et Sir Julian Pauncefote.

Dans l'intervalle, et pour les saisons de pêche 1891 et 1892, une convention établissant un *modus vivendi* avait été signée pour la protection immédiate des phoques dont les Américains prédisaient la disparition à brève échéance si l'on n'intervenait pas sans retard.

Comme nous le verrons, les Arbitres tenus par la lettre même du traité, durent rendre leur sentence sur chacune des cinq questions qui leur étaient soumises, et il faut que nous remarquions en passant que ces questions avaient été habilement posées par l'Angleterre dans l'intérêt de la thèse qu'elle soutenait. Mais il fut très difficile aux conseils et aux auteurs des mémoires et contre-mémoires, de discuter chacun des quatre premiers points séparément et, en fait, si on se reporte aux documents et aux plaidoiries, on voit clairement que, souvent ces quatre premières questions furent exposées, discutées et traitées pour ainsi dire comme une question unique ayant la forme de la proposition suivante : La Russie a-t-elle exercé sur les pêcheries de la mer de Behring une juridiction spéciale reconnue par l'Angleterre ?

La cinquième question au contraire put être examinée en elle-même et séparément. Les Américains se contentant de l'envisager à deux points de vue différents : la question de la *propriété* du troupeau de phoques et celle de sa *protection*.

CHAPITRE II

**Historique de la découverte et de l'occupation de l'A-
laska : Délimitation des frontières par des traités
entre la Russie, la Grande-Bretagne et les États-
Unis : Cession de l'Alaska aux États-Unis par le traité
de mars 1867.**

Les régions inhospitalières et glacées situées au
Nord du 50ᵐᵉ degré parallèle de latitude dans la partie comprise entre l'Amérique et l'Asie restèrent
inconnues des navigateurs longtemps après la découverte du Nouveau-Monde. Mais lorsqu'à la suite
d'aventureuses explorations, on eut appris, qu'au
milieu des glaces du pôle, vivaient en troupes innombrables, des animaux à fourrure précieuse, quelques
marins plus hardis, poussés par l'appât d'un gain
colossal et méprisant les fatigues et les dangers, n'hé-
sitèrent pas à s'avancer toujours plus avant vers le
pôle, dans les eaux de l'Océan Pacifique.

Trois races européennes se trouvèrent, dès le début
en compétition sur ce point du globe : les Russes
établis depuis longtemps déjà en Sibérie ; les Espagnols du Mexique qui, peu à peu, avaient remonté

la côte ouest d'Amérique, et les Anglo-Saxons parvenus en deçà des Montagnes Rocheuses.

La conquête des territoires à découvrir était, du reste, des plus faciles, car c'est à peine si quelques tribus errantes de trappeurs indiens, sans armes et sans défenses, parcouraient les immenses solitudes du pays qui, plus tard, devint l'Alaska. Les navigateurs russes, plus rapprochés et aussi plus habitués au dur climat des régions arctiques, arrivèrent les premiers.

En 1728 Vitus Behring découvrait la mer qui porte son nom et en explorait les rivages asiatiques. Dans un deuxième voyage, en 1741, il atterrissait sur les côtes du continent américain et reconnaissait qu'il existe un passage, — détroit de Behring — entre l'Océan Pacifique Nord et l'Océan Glacial Arctique (1). Les chasseurs et les marchands russes seuls, d'abord, suivirent ses traces. On les voit, successivement, atteindre les différents groupes des îles Aléoutiennes

---

1. L'auteur du *Livre bleu* présenté au parlement britannique en 1893 dans lequel il est rendu compte aux membres de la Chambre des Communes des négociations engagées avec les États-Unis, enregistre mélancoliquement ces découvertes dans les termes suivants : « Quelque peu satisfaisants qu'aient été les voyages de Behring et de son associé Cherikoff au point de vue géographique, c'est cependant sur les résultats de ces deux voyages que la Russie basa plus tard ses prétentions à la propriété de l'extrémité nord-ouest du continent américain.

où ils trafiquent avec les naturels après s'être organisés en petites compagnies commerciales.

En 1789 ils s'établissent, d'une façon presque permanente, à Prince William Sound (latitude 60°). En 1784, Shelikof visite l'île d'Unalaska et atteint ensuite l'île Kadiak qu'il occupe. En 1786 Prybilof découvre les deux îles qui portent son nom et sur lesquelles il trouve le grand troupeau des phoques à fourrure. En 1788 un autre navigateur russe revient à Prince William Sound, et visite la baie de Yakukat et celle de Lituya sur le continent. A peu près à la même époque le gouvernement de Saint-Pétersbourg organise l'expédition scientifique de Billing qui fait plusieurs voyages dans la mer de Behring de 1787 à 1791. Les indigènes se plaignent vivement à lui des mauvais traitements dont ils sont les victimes de la part des aventuriers de toute nationalité qui trafiquent avec eux.

Vancouver qui, comme on le verra plus loin, avait été envoyé sur les côtes de l'Alaska par le Gouvernement anglais, écrit, à la suite de son voyage de 1794. « Il paraît évident que le gouvernement russe « s'occupe peu de ces établissements et qu'ils sont « régis par des compagnies de commerce indépen- « dantes. La terre n'est nulle part cultivée, et on « s'occupe uniquement de l'achat des fourrures.

Cependant, dès 1786, les intérêts engagés étaient déjà d'une grande importance : deux compagnies rivales, l'une organisée par Shelikof sous le nom de Compagnie Américaine unie ; et l'autre ayant pris le nom de son fondateur Lebedef, se disputaient, avec la plus vive âpreté, l'exploitation des établissements russes et en 1799, Razanof, gendre de Shelikof — mort à Irkhoutck en 1795 — obtient du Tzar Paul Ier un Ukase donnant à la Compagnie qu'il organise, sous le nom de Compagnie Russo-américaine, le monopole du commerce dans toutes les possessions russes du Pacifique et sur toutes les parties du continent américain où se sont établis des marchands russes. Baranof, gouverneur de Sitka est mis à la tête de cette société dans laquelle se fondent toutes les autres.

Cet ukase est le premier acte législatif par lequel le gouvernement de Saint-Pétersbourg tenta de donner une organisation politique à la région que des citoyens russes occupaient depuis près d'un demi-siècle. Nous aurons à revenir sur le texte de ce document, (qui, avec un autre ukase promulgué en 1821), servit de base à l'argumentation des États-Unis dans dans la réclamation qu'ils soutinrent au sujet de la souveraineté de la Russie. Pour le moment, il nous suffit de citer chronologiquement la date où il fut rédigé à Saint-Pétersbourg et appliqué dans le territoire de l'Alaska.

En 1802 la colonie de Sitka fut complètement détruite et les habitants massacrés par les indigè-

nes : mais le port fut réoccupé et la ville reconstruite
en 1824.

Au cours de l'année 1803 Baranof fonde un établissement sur les îles Prybiof qui n'avaient pas été visitées depuis très longtemps. Rezanof qui s'y rendit de nouveau en 1806 adressa à l'Empereur un mémoire où il recommandait de s'installer solidement sur ces îles et de prendre des mesures pour s'opposer au massacre qu'on y faisait des phoques à fourrure.

En 1818 Baranof, fut remplacé à la tête de la compagnie par Hagesneister et comme le privilège concédé à la Société Russo-américaine touchait à sa fin le gouvernement de Saint-Pétersbourg envoya Golovnin pour faire une enquête générale sur la situation du pays : il fut procédé à un recensement des sujets russes habitant les différents établissements tant du continent que des îles : ils furent trouvés au nombre de 390 dont 19 femmes.

Depuis quelques années les conditions dans lesquelles se développaient les affaires de la Compagnie Russo-américaine s'étaient profondément modifiées Débarrassée de tous les rivaux de sa nationalité elle se trouvait en présence d'une concurrence formidable de la part des Anglais et des Américains. Elle demanda alors, et obtint, de l'Empereur Alexandre, un nouvel ukase, daté de 1821, qui s'il eût été appliqué dans son entier, l'eût rendue maîtresse incontestée et unique de tous les territoires et de toutes les eaux depuis le 55ᵉ parallèle de latitude nord jusqu'à l'Océan glacial Arctique. Mais, comme nous allons le voir bientôt, l'Angleterre et les États-Unis protestèrent de suite et vivement et la Russie dut abandonner une partie de ses prétentions.

Ainsi, pendant toute cette période de 1727 à 1821, c'est-à-dire pendant un siècle, les Russes s'étaient lentement avancés en partant des côtes de Sibérie et du Kamtchatka, déjà occupées par eux, jusqu'au rivage du continent d'Amérique. Sans notifier d'une façon précise aux autres Puissances, leur prise de possession, ils s'étaient effectivement établis, sur la terre ferme, depuis le 55ᵉ parallèle jusqu'au détroit de Behring et, en même temps, sur toutes les îles environnantes.

Mais, pendant cette infiltration graduelle, d'autres compétiteurs s'étaient présentés, dont nous allons faire connaître les expéditions.

Dès 1774 le Vice-roi de Mexico apprenant que l'influence de la Russie grandissait sans cesse sur les côtes de l'Alaska, envoyait une première expédition, sous les ordres de Perez, et en 1775 une seconde, sous les ordres de Heceta. Cette dernière prit possession, au nom de l'Espagne, de toute la côte jusqu'au 58ᵉ degré de latitude. Mais cette prise de possession, comme beaucoup d'autres opérations maritimes du même genre, ne fut pas suivie d'une occupation réelle et effective.

En 1779 une troisième expédition espagnole sous les ordres des Orteaga et de Quadra, explore la côte jusqu'au mont Saint-Elie. Neuf ans plus tard les navires « Princessa » et « San Carlo », commandés par Martinez et Haro, visitèrent Prince Villiam Sound (60° de latitude nord) déjà reconnu par Cook. Ils trouvèrent une colonie russe à Kadiak et prirent possession d'Unalaska, la plus orientale des îles Aléoutiennes, mais ils rencontrèrent ensuite des marchands russes sur cette île.

En 1790, Fidalgo, parti de Vancouver, vint jusqu'à Kadiak : l'année suivante Malaspina, sur les ordres du gouvernement de Madrid, visite la côte sud de l'Alaska. En 1792 nouvelle expédition de Caa mano parti, lui aussi de Vancouver, à cette époque colonie espagnole. Cette tentative paraît être la dernière de l'Espagne, dont l'histoire ait gardé la trace, pour faire reconnaître son autorité dans ces lointaines régions.

A côté des Espagnols, et comme on pouvait s'y attendre, se montrèrent bientôt les Anglais. L'expédition de Perez est de 1775 ; en 1778, Cook remontant la côte nord du Pacifique explore tout le rivage au nord du 48° degré jusqu'à Prince William Sound et en prend pessession au nom de l'Angleterre. Puis il traverse la chaîne des îles Aléoutiennes à Unalaska où il rencontre des marchands russes et s'avance vers le détroit de Behring jusqu'à la baie de Bristol dont il prend également possession.

Pas plus que celles des Espagnols, ces occupations, toutes platoniques pourrait-on dire, ne furent suivies d'effet.

Le successeur de Cook, Clarke, continue l'exploration de la côte et d'autres navigateurs anglais parmi lesquels il convient de citer Portlock, Dixon et Moares suivirent dans les années subséquentes.

En 1793, comme nous l'avons vu, Vancouver est envoyé par le gouvernement anglais avec le « Chatam » et le « Discovery » pour rechercher un passage entre le Pacifique et l'Atlantique : il prend possession, en passant, lui aussi, de la côte au sud du 58ᵉ parallèle au nom de la Grande-Bretagne (1).

Enfin, à côté des Anglais, les Américains, qui formaient, depuis quelques années à peine, une nation indépendante apparurent aussi. A partir de 1788 leurs navires de commerce et de pêche, partant des côtes de Californie, se trouvent, en plus ou moins grand nombre, souvent affrétés par la Compagnie Russo-américaine, sur les côtes de l'Alaska.

On comprend sans peine quel pouvait être l'état de ces régions au point de vue politique à la suite

---

1. Nous citerons, seulement pour mémoire, les expéditions françaises de Lapérouse 1786, Marchand 1791 et Roquefeuille 1818.

des agissements de ces explorateurs de toutes natio-
nalités. Nous pouvons sans doute nous en faire une
idée quelque peu précise en nous reportant à ce qui
vient de se passer sous nos yeux, dans le centre de
l'Afrique à l'époque où chaque voyageur chargé d'une
mission rencontrant un roitelet nègre, lui remettait
un pavillon, et, en échange de quelques promesses
et de quelques cadeaux, obtenait de lui des signatures plus ou moins authentiques lui enlevant son
indépendance.

Bancroft résume, comme suit, cette situation dans
son *Histoire de l'Alaska*: « Les événements de 1787-
« 1788 doivent avoir prodigieusement étonné les
« indigènes de Prince-William Sound : des Anglais
« sous pavillon anglais, des Anglais sous pavillon
« portugais, des Espagnols et des Russes croisaient
« près de leurs rivages, souvent à quelques milles
« seulement les uns des autres, prenant possession
« pour une nation ou pour l'autre de toutes les terres
« en vue. »

Même à une époque plus rapprochée, en 1823, l'ins-
tabilité était encore telle que M. Adams, secrétaire
d'État américain pouvait se croire autorisé à écrire
à M. Middleton, ministre des États-Unis à Saint-Pétersbourg, que les droits de la Russie, dans cette
région, se bornaient à l'occupation de quelques îles
au nord du 55° degré de latitude. Il ajoutait même :
« Il ne semble pas qu'il y ait jamais eu d'établisse-

« ment russe permanent sur le continent au sud du
« 55° degré de latitude, car celui de Nouvelle-Arkan-
« gel est sur une île. Sur aucun autre point du globe
« le simple fait de la découverte ne peut donner des
« droits plus incertains que sur la côte nord-ouest. »

Humboldt dit de son côté : « La grande sinuosité
« formée par la côte entre le 55° et le 65° degré de
« latitude embrasse des découvertes faites par Gali
« Behring, Tchvikof, Quadra, Cook, Lapérouse, Malas-
« pina et Vancouver. Aucune nation européenne n'a
« jamais formé un établissement sur l'immense éten-
« due de côte du cap Mendosino au 59° degré. Au
« delà de cette limite commencent les factoreries
« russes : mais la plupart sont aussi distantes et
« aussi éloignées les unes des autres que celles éta-
« blies par les Européens, au cours des trois der-
« niers siècles, sur les côtes d'Afrique. Presque
« toutes ces petites colonies russes ne peuvent com-
« muniquer les unes avec les autres que par mer et
« les nouvelles dénominations de Russie américaine
« ou de possessions russes du nouveau continent
« ne doivent pas nous faire supposer que la côte de
« la mer de Behring, la péninsule de l'Alaska, ou la
« contrée d'Ischugatschi sont devenues des provin-
« ces russes dans le sens qui est donné à ce mot
« lorsqu'on parle de la province espagnole de la So-
« nora ou de la Nouvelle Biscaye. »

Ainsi, aucun droit établi, aucune frontière délimitée, aucune reconnaissance formelle de souveraineté, le fait seul de l'occupation pouvant être fourni comme preuve de souveraineté et de propriété régulière, voilà quelle était dans le premier quart du siècle passé, la situation politique des immenses territoires qui forment l'extrémité nord-ouest du continent américain.

Un tel état de choses ne pouvait subsister plus longtemps, et il devenait urgent, pour les nations intéressées, de régulariser et de fixer par des conventions écrites et par des instruments diplomatiques en due forme, les droits respectifs de chaque puissance dans cette partie du monde. D'autres considérations, également impérieuses, venaient du reste de s'imposer à l'attention des gouvernements en cause. L'ukase de 1821, comme nous l'avons dit, avait soulevé de vives protestations de la part des États-Unis et de l'Angleterre; l'attitude de cette dernière puissance devenait nettement menaçante et ses représentations à Saint-Pétersbourg prenaient le ton comminatoire qu'elle avait volontiers, à cette époque, lorsqu'elle croyait pouvoir faire respecter par la force, les prétentions, justifiées ou non, qu'elle soutenait sur tous les points du globe.

Des négociations s'engagèrent entre la Russie d'une part, et l'Angleterre et les États-Unis d'autre part, et ces négociations aboutirent à la conclusion de deux traités de délimitation. Pour la conclusion de ces traités, les Hautes Parties contractantes eurent, bien entendu, à tenir compte des ukases de 1799 et de 1821, par lesquels la Russie avait organisé sa souveraineté sur ses possessions américaines.

. Nous donnerons successivement: le texte des parties qui nous intéressent de ces deux ukases : le texte de l'article III d'une convention signée en 1790 entre la Grande-Bretagne et l'Espagne, (convention qui, à la vérité ne rentre pas dans notre sujet), mais qu'il est utile de connaître parce qu'il fut presque littéralement reproduit dans les arrangements subséquents: puis, mais toujours en nous bornant, pour ne point nous étendre outre mesure, aux parties qui se rattachent aux questions que le tribunal eut à examiner, les textes d'un certain nombre d'articles des traités de 1824 entre la Russie et les États-Unis, et de 1825 entre la Russie et la Grande-Bretagne : et enfin le traité, rédigé en français de la cession de l'Alaska aux États-Unis.

Ces documents sont indispensables à connaître pour la suite de notre étude, car ils furent la base même de l'argumentation des Conseils des deux parties, et c'est en en discutant les termes que les avocats tentèrent de soutenir les prétentions de leurs clients, et d'établir soit, — les États-Unis — le droit qu'ils avaient d'intervenir dans la mer de Behring, soit—la Grande-Bretagne — son droit de s'opposer à toute action du gouvernement américain sur les eaux libres de cette mer.

Ukase de 1795 (1).

Nous, Paul Ier, par la grâce de Dieu, empereur et autocrate de toutes les Russies. Les bénéfices et les avantages résultant pour notre empire de la chasse et du commerce auxquels se livrent nos loyaux sujets dans les mers du nord-est et le long des côtes d'Amérique ont attiré notre Royale attention et ont été pris en considération par nous. En conséquence ayant pris sous notre protection immédiate une Compagnie organisée dans le but, ci-dessus indiqué, de chasser et de trafiquer, nous l'autorisons à prendre le nom de « Compagnie Russo-américaine sous notre haute protection » et désirant l'aider dans ses entreprises, nous autorisons les commandants de nos forces de terre et de mer à employer les dites forces pour aider la Compagnie si l'occasion se présente de le faire, et de plus, pour donner davantage encore à la dite Compagnie secours et assistance, ayant examiné ses statuts et règlements, nous déclarons ici que c'est notre Impériale volonté

---

1 Traduction de ce document d'après le texte anglais imprimé dans le Livre bleu présenté au parlement britannique en 1893, p. 25.

d'accorder à cette Compagnie, pour une période de vingt ans, les droits et privilèges suivants :

1. Usant du droit de découverte des navigateurs russes, dans le passé, de la côte nord-est d'Amérique commençant au 55ᵉ degré de latitude nord et de la chaîne d'îles qui s'étend du Kamchatka, au nord, vers l'Amérique et, au sud, vers le Japon et du droit de possession de ces régions par la Russie, nous autorisons gracieusement la Compagnie à occuper tous les terrains de chasse et tous les établissements qui existent maintenant sur la côte nord-est (*sic*) d'Amérique depuis le 55ᵉ degré ci-dessus mentionné jusqu'au détroit de Behring et sur les Aléoutiennes, Kouriles et autres îles situées dans les mers du nord-est.

2. A faire de nouvelles découvertes non seulement au nord du 55ᵉ degré de latitude nord, mais plus loin vers le sud, et d'occuper les terres découvertes comme possessions russes, suivant les règles imposées, si elles n'ont pas été antérieurement occupées par une autre nation ou ne dépendent point d'une autre nation.

3. D'user et de profiter de tout ce qui a été ou sera découvert dans ces régions, sur la surface et dans le sein de la terre, sans aucune compétition par d'autres.

4. Nous autorisons gracieusement cette Compagnie à fonder des établissements à l'avenir partout où

besoin sera et suivant qu'il lui conviendra le mieux, à les fortifier, à assurer la sécurité des habitants, à envoyer des navires sur les côtes, avec des marchandises et des chasseurs, sans aucun obstacle de la part du gouvernement.

5. D'étendre la navigation jusqu'aux rivages des nations voisines, de trafiquer avec elles après avoir obtenu leur libre consentement de manière à ce que, sous notre haute protection, elle puisse poursuivre ses entreprises avec profit.

Les articles 6, 7, 8, 9, de l'ukase règlent des questions d'organisation intérieure de la Compagnie, fixe la responsabilité de ses agents, prévoit l'achat de poudre et de munitions ; l'article 11 et dernier lui confère le pouvoir judiciaire.

Le texte de l'article 10 qui seul nous intéresse est le suivant :

10. (1) Le droit exclusif concédé à la Compagnie pour une période de vingt ans d'user et de jouir dans l'étendue de terre et dans les îles ci-dessus définies de tous les profits et avantages à retirer de la chasse, du commerce, de l'industrie et des découvertes de nouvelles terres interdit la « jouissance » de ces béné-

---

1. Nous traduisons *littéralement* de l'anglais qui a été lui-même d'après une note du Livre bleu, *littéralement* traduit du russe. Cette double traduction explique l'impropriété de certains termes que nous n'avons cependant pas voulu changer et que nous avons indiqués entre guillemets.

fices et de ces avantages non seulement à ceux qui
voudraient « faire voile » pour ces contrées pour leur
propre compte, mais à tous les chasseurs et trappeurs
qui ont été jusqu'ici engagés dans « ce commerce »
et qui ont leurs navires et leurs fourrures en ces
« points ». Il ne sera pas permis aux autres compagnies qui pourraient exister de continuer leurs opérations à moins qu'elles ne s'associent à la présente
Compagnie ; et telles compagnies privées ou tels
négociants qui auraient des navires dans ces régions
peuvent à leur choix vendre leurs propriétés à la
Compagnie ou séjourner jusqu'à ce que les navires
aient complété leur chargement : dans la suite, personne n'aura aucun privilège si ce n'est « la Compagnie » qui sera protégée dans son usage de tous les
avantages mentionnés.

Ukase de 1821.

Préambule : Ayant appris, par les rapports qui
nous ont été soumis, qu'un trafic occulte et illicite
apporte trouble et empêchement au libre exercice du
commerce de nos sujets dans les îles Aléoutiennes
ainsi que sur la côte nord-ouest d'Amérique appartenant à la Russie, et ayant observé que la principale
cause de cet état de choses provient de l'absence de
règlements établissant les limites de ces côtes et l'ordre dans lequel doivent avoir lieu les communications navales aussi bien dans les régions précitées

que tout le long de la côte orientale de Sibérie et aux îles Kouriles, nous avons jugé nécessaire de déterminer ces communications au moyen des règlements spéciaux ci-après annexés.

Règlement fixant les limites de la navigation et « l'ordre des communications » le long de la côte de la Sibérie orientale, de la côte nord-ouest d'Amérique, de îles Aléoutiennes, des Kouriles et autres îles.

Section 1. — L'exercice du commerce, de la pêche de la baleine et de toutes autres pêches ainsi que de toutes espèces d'industries dans toutes les îles, ports et golfes, y compris toute la côte nord-ouest d'Amérique qui s'étend du détroit de Behring au 51ᵉ degré de latitude nord, et depuis les îles Aléoutiennes jusqu'à la côte orientale de Sibérie et enfin le long des îles Kouriles, du détroit de Behring au cap méridional de l'île d'Urup, soit par 45° 50 de latitude nord, est exclusivement accordé aux sujets russes.

Section 2. — Il est donc interdit à tout navire étranger, non seulement d'atterrir sur toutes les côtes et îles ci-dessus énumérées appartenant à la Russie, mais aussi d'en approcher de moins de cent milles italiens (1). Le délinquant encourrait la confiscation de son navire et de toute sa cargaison.

---

1. Le Gouvernement russe expliqua plus tard, qu'il avait choisi cette distance de 100 milles italiens parce qu'il avait trouvé un précédent dans le traité d'Utrecht.

Toutes les autres dispositions légales de l'ukase de 1821, ne se rapportant point à la cause, il n'en fut pas fait état, ni dans les Mémoires ni dans les plaidoiries, et nous pensons qu'il est inutile de les reproduire.

Le 11 février 1822, M. Pierre de Poletica, envoyé extraordinaire et ministre plénipotentiaire de Russie à Washington, remettait le texte de l'ukase à M. Adams, secrétaire d'État pour les États-Unis. Le 25 février, M. Adams, en accusant réception du document, faisait remarquer que les relations des États-Unis avec le gouvernement de Sa Majesté Impériale avaient toujours été des plus amicales, et que le gouvernement américain avait le vif désir de les voir continuer de même : aussi était-il surpris qu'un acte dans lequel des frontières communes étaient délimitées n'eût pas fait l'objet d'un traité préalable entre les deux nations.

Le Foreign Office, de son côté, était prévenu par une lettre du baron de Nicolay chargé d'affaires de Russie à Londres, lettre datée du 12 novembre 1821. Le 18 janvier 1822, c'est-à-dire moins de quatre mois après la promulgation de l'ukase, Lord Londonderry se mettait en communication, à ce sujet, avec le gouvernement de Saint-Pétersbourg.

La controverse, des deux parts, dura longtemps : de longues correspondances diplomatiques furent échangées ; le texte des notes et mémoires est souvent cité dans les plaidoiries devant le Tribunal

d'Arbitrage et nous aurons à y revenir. Pour le mo
ment, et comme nous avons fait pour les ukases,
nous ferons seulement connaître les traités eux-mêmes qui furent conclus en 1824 et 1825, et encore
nous bornerons-nous à citer les seuls articles se
rapportant bien complètement à notre sujet. .

Mais auparavant, et pour la raison que nous avons
énumérée, nous donnerons les termes de l'article III
du traité de 1790 entre la Grande-Bretagne et l'Espagne.

*Article III du Traité de 1890 entre la Grande-
Bretagne et l'Espagnc.*

Il est convenu que les sujets respectifs des deux
Hautes Parties contractantes ne subiront aucun dommage ni empêchement soit qu'ils naviguent simplement ou se livrent à la pêche dans l'Océan Pacifique
ou dans les mers du sud, soit qu'ils débarquent sur
les rivages de ces mers dans des lieux non déjà occupés, en vue de se livrer à leur commerce avec les
indigènes ou de fonder des établissements dans le
pays; exception faite, toutefois, pour les restrictions
prévues et spécifiées dans les trois articles suivants.

Dans l'article II, la Grande-Bretagne reconnaissait
la juridiction maritime de l'Espagne sur une étendue

de dix lieues au large de toutes les côtes déjà occupées par l'Espagne.

Convention du 17 avril 1824 entre la Russie et les États-Unis.

Article premier. — Il est convenu que dans toute
partie du Grand Océan communément appelé Océan
Pacifique ou Mer du Sud les citoyens et sujets respectifs des deux Hautes Parties contractantes, ne
subiront aucun dommage ni empêchement, soit qu'ils
naviguent simplement où se livrent à la pêche soit
qu'ils débarquent sur les rivages de ces mers dans
des lieux non déjà occupés en vue de se livrer à
leur commerce avec les indigènes ou de fonder des
établissements dans le pays, exception faite toutefois pour les restrictions prévues et spécifiées dans
les articles suivants.

Art. II. — Dans le but d'empêcher que les droits
de navigation et de pêche, exercés sur le Grand
Océan par les citoyens et sujets des deux Hautes-
Parties contractantes ne servent de prétexte à un
commerce illicite il est convenu que les citoyens des
États-Unis ne pourront débarquer sur un point où
il existe un établissement sans la permission du
gouverneur ou commandant, et que, réciproquement,
les sujets de la Russie ne pourront pas débarquer

sans permission à aucun établissement des Etats-Unis sur la côte nord-ouest.

Art. III. — Il est, de plus, convenu, que, à l'avenir, aucun établissement ne pourra être formé sur la côte nord-ouest d'Amérique ou sur aucune des îles adjacentes, par les citoyens des États-Unis ou sous l'autorité des dits États, au nord du 54°40' de latitude nord ; et que, de la même manière, il ne sera formé par des sujets russes ou sous l'autorité de la Russie, aucun établissement au sud du même parallèle.

Art. IV — Cependant, il demeure entendu que, pendant une période de dix années à partir de la signature de la présente convention, les navires des deux Puissances, ou qui appartiennent à leurs citoyens et sujets respectifs, pourront, réciproquement fréquenter, sans aucun empêchement quel qu'il soit, les mers intérieures, les golfes, les ports et les criques sur la côte mentionnée à l'article précédent pour s'y livrer à la pêche ou pour trafiquer avec les indigènes du pays.

Convention du 8 février 1825 entre la Grande-Bretagne et la Russie.

Article premier. — Il est convenu que dans toute partie de l'Océan communément appelé Océan Paci-

fique les sujets respectifs des deux Hautes Parties
contractantes ne seront pas troublés ni molestés
soit pour naviguer dans le dit Océan, soit pour y pè-
cher ou pour débarquer sur tel point de la côte qui
n'aura pas été déjà occupé dans le but d'y trafiquer
avec les indigènes, exceptions faites, toutefois, pour
les restrictions et conditions spécifiées dans les articles suivants.

Art. II. — Dans le but d'empêcher que le droit de
navigation et de pêche exercé sur l'Océan par les
sujets des Hautes Parties contractantes ne devienne
le prétexte d'un commerce illicite, il est convenu
que les sujets de Sa Majesté Britannique ne pourront débarquer sur un point où il existe un établissement russe sans la permission du gouverneur ou
commandant et que, réciproquement, les sujets de
la Russie ne pourront pas débarquer sans permission sur aucun établissement anglais de la côte
nord-ouest.

Art. III. — La ligne de démarcation entre les possessions des Hautes Parties contractantes sur la
côte du continent et sur les îles d'Amérique au
nord-ouest sera tracée comme suit : à partir du
point le plus méridional de l'île dite du « Prince of
Wales, » lequel point se trouve sous le parallèle de
54°40 de latitude nord et entre le 131ᵐᵉ et le 133ᵐᵉ
degré de longitude ouest (méridien de Greenwich)
ladite ligne remontera au nord le long de la passe

dite Portland Channel, jusqu'au point de la terre ferme où elle atteint le 56ᵐᵉ degré de latitude nord ; de ce dernier point, la ligne de démarcation suivra la crète des montagnes situées parallèlement à la côte jusqu'au point d'intersection du 141ᵐᵉ degré de longitude ouest (même méridien) ; et finalement, du dit point d'intersection, la même ligne méridienne du 141ᵐᵉ formera, dans son prolongement jusqu'à la Mer Glaciale, la limite entre les possessions russes et britanniques sur le continent de l'Amérique nord-ouest.

Il est entendu, par rapport à la ligne de démarcation déterminée dans l'article précédent :

1° Que l'île dite Prince of Wales appartiendra tout entière à la Russie.

2° Que partout où la crète des montagnes (1) qui s'étendent dans une direction parallèle à la côte, depuis le 56ᵐᵉ degré de latitude nord au point d'intersection du 141ᵐᵉ degré de longitude ouest, se trouverait à la distance de plus de 10 lieues marines de l'Océan, la limite entre les possessions britanniques

---

1. Les rédacteurs du traité de 1825 ne se doutaient point que l'interprétation de cette partie de leur texte donnerait lieu à une controverse entre l'Angleterre et les États-Unis, et à un nouveau traité d'arbitrage dont la sentence va soulever de graves difficultés. Cette sentence rendue en 1904 a été en effet tellement défavorable à l'Angleterre que la Dominion du Canada a refusé de l'admettre.

et la lisière de côte mentionnée ci-dessus comme devant appartenir à la Russie, sera formée par une ligne parallèle aux sinuosités de la côte et qui ne pourra jamais en être éloignée que de 10 lieues marines.

Article V.—Il demeure de plus convenu qu'aucun établissement ne pourra être formé par l'une ou l'autre des deux parties dans les limites assignées par les deux précédents articles comme possessions de l'autre partie : conséquemment les sujets britanniques ne pourront pas fonder d'établissement sur la côte ou sur les rives du continent compris dans les limites des possessions russes telles qu'elles sont désignées dans les deux articles précédents ; et, de même aucun établissement ne sera fondé par des sujets russes au-delà des dites limites.

Article VI. — Il est de plus entendu que les sujets de Sa Majesté britannique, de quelque point qu'ils puissent arriver, soit de la mer, soit de l'intérieur du continent, auront toujours le libre droit de navigation sans empêchement quel qu'il soit sur toutes les rivières et courants qui, dans leur cours vers l'Océan Pacifique, peuvent traverser la ligne de démarcation sur la ligne de côte décrite dans l'article III de la présente convention.

Article VII. — Il est également entendu que pendant une période de dix ans, à partir de la signature de la présente convention, les navires des deux puissances ou ceux appartenant à leurs sujets respectifs, auront mutuellement la liberté de fréquenter, sans aucun empêchement quel qu'il soit, toutes les mers intérieures, les golfes les havres et les criques sur la côte mentionnée à l'article III dans le but de pêcher ou de commercer avec les indigènes.

Les articles VIII, IX, X, XI, et XII de la convention ne se rapportant point à la cause, il serait inutile d'en citer le texte.

Traité de cession de l'Alaska signé le 30 *mars* 1867.

Des pourparlers officieux pour la cession de l'Alaska par la Russie s'engagèrent avec le gouvernement de Washington dès 1855 : les négociations ne prirent fin qu'en 1867 par la conclusion du traité dont nous donnons le texte pour la partie qui nous intéresse. Sept ans avant la conclusion de ce traité, en 1860, la population des colonies russes en Amérique se composait de 784 russes. 1700 créoles et 7000 indigènes.

Texte du Traité (1) : Sa Majesté l'Empereur de toutes les Russies et les États-Unis d'Amérique, désirant raffermir, s'il est possible, la bonne intelligence qui existe entre eux, ont nommé à cet effet.... des plénipotentiaires, lesquels, après avoir échangé leurs

---

1. Le traité fut rédigé en français.

pleins pouvoirs, trouvés en bonne et due forme, ont arrèté et signé les articles suivants:

Article premier. — Sa Majesté l'Empereur de toutes les Russies, s'engage par cette convention, à céder aux États-Unis, immédiatement après l'échange des ratifications, tout le territoire avec droit de souveraineté actuellement possédé par Sa Majesté sur le continent d'Amérique ainsi que les îles contiguës, le dit territoire étant compris dans les limites géographiques ci-dessous indiquées : la limite orientale est la ligne de démarcation entre les possessions russes et britanniques dans l'Amérique du Nord ainsi qu'elle est établie dans la convention conclue entre la Russie et la Grande-Bretagne le 28 février 1825, et définie dans les termes suivants des articles III et IV de la dite convention.

A partir (1) du point le plus méridional de l'île dite Prince of Wales, lequel point se trouve sous le parallèle de 54° 40 de latitude nord, et entre le 131me et le 133me degré de longitude ou est (méridien de Greenwich) la dite ligne remontera au nord le long de la passe dite Portland Channel, jusqu'au point de la terre ferme, où elle atteint le 56me degré de latitude nord :

---

1. Le texte est exactement celui que nous avons donné page 44 : quelques mots seulement y furent intercalés pour bien fixer la cession des droits d'un pays à l'autre.

de ce dernier point, la ligne de démarcation suivra
la crête des montagnes parallèlement à la côte jusqu'au point d'intersection du 141me degré de longitude
ouest (même méridien) ; et finalement, du dit point
d'intersection, la même ligne méridienne du 141me
degré formera, dans son prolongement jusqu'à la
Mer glaciale, la limite entre les possessions russes et
britanniques sur le continent de l'Amérique nord-
ouest.

Il est entendu, par rapport à la ligne de démarcation déterminée dans l'article précédent, que l'île dite
Prince of Wales appartiendra tout entière à la Russie (mais, dès ce jour, en vertu de cette cession aux
États-Unis)

Que partout où la crête des montagnes qui s'étendent dans une direction parallèle à la côte, depuis
le 56e degré de latitude nord au point d'intersection
du 141me degré de longitude se trouverait à la distance de plus de dix lieues marines de l'océan, la
limite entre les possessions britanniques et la lisière
de côte mentionnée ci-dessus comme devant appartenir à la Russie (c'est-à-dire la limite des possessions cédées par cette Convention) sera fermée par
une ligne parallèle aux sinuosités de la côte et qui
ne pourra jamais en être éloignée que de dix lieues
marines.

La limite occidentale des territoires cédés passe
par un point du détroit de Behring sous le parallèle

du 65me 30' de latitude nord, à son intersection par le méridien qui sépare à distance égale les îles Krusenstern ou Ignalook et Ratmanof ou Noonarbook, et remonte en ligne directe, sans limitation, vers le nord jusqu'à ce qu'elle se perde dans la Mer glaciale. Commençant au même point de départ, cette limite occidentale suit, de là, un cours presque sud-ouest, à travers le détroit de Behring et la mer de Behring de manière à passer à distance égale entre le point(1) nord-ouest de l'île Saint-Laurent et le point sud-est du cap Choukotski jusqu'au méridien 172 de longitude ouest ; de ce point, à partir de l'intersection de ce méridien, cette limite suit une direction sud-ouest de manière à passer à distance égale entre l'île d'Attou et l'île Copper du groupe d'îlots Komandorski dans l'Océan Pacifique septentrional jusqu'au méridien 196 de longitude ouest, de manière à enclaver, dans le territoire cédé, toutes les îles Aléoutes situées à l'est de ce méridien.

. . . .

Article VI. — En considération de la dite cession, les États-Unis s'engagent à payer à la trésorerie à Washington, dans le terme de dix mois après l'échange des ratifications de cette convention, sept millions deux cent mille dollars en or.

---

1. Il eût été plus grammatical d'employer les expressions « Pointe nord-ouest et Pointe sud-est »,

... La cession ainsi faite transfère tous les droits et privilèges appartenant à la Russie, dans le dit territoire et ses dépendances.

Il nous reste maintenant à exposer, en quelques mots, les différentes mesures et actes législatifs promulgués par le gouvernement de Washington pour organiser administrativement sa nouvelle possession et notamment, celles de ces mesures qui ont trait au système adopté pour la protection des phoques à fourrure des îles Pribilof.

Un acte du Congrès daté du 27 juillet 1868, c'est-à-dire de l'année même qui suivit la cession, établit que les lois des États-Unis en matière de douanes, de commerce et de navigation sont et demeurent étendues, par le présent acte, à tout le continent, à toutes les îles et eaux faisant partie du territoire cédé aux États-Unis par l'Empereur de Russie en vertu du traité conclu à Washington en 1867, en tant qu'elles peuvent leur être appliquées :

Qu'il sera interdit à toute personne ou personnes de tuer ni loutre, ni vison, ni martre, ni zibeline, ni phoque à fourrure ni autre animal à fourrure dans les limites ou dans les eaux du dit territoire.

Par acte du 3 mars 1869, le Congrès établissait que les îles de Saint-Paul et de Saint-Georges, en Alaska, sont et demeurent déclarées territoires réservés du gouvernement.

Enfin, le 1ᵉʳ juillet 1870, fut promulgué un acte du Congrès intitulé : « Acte destiné à prévenir l'extermination des animaux à fourrure en Alaska » et contenant une allusion spéciale aux phoques à fourrure des îles Pribilof.

Cette même année 1870, après avoir pris quelques précautions provisoires sur les îles mêmes, le gouvernement des États-Unis fit examiner la meilleure méthode pour réglementer l'industrie du phoque.

Le Congrès des États-Unis étudia différentes propositions et se décida à concéder les îles à une compagnie qui les exploiterait sous la surveillance immédiate et sous le contrôle d'agents du Trésor. On invita de suite à l'envoi de soumissions pour la concession des pêcheries de phoques pour une période de vingt années : quatorze soumissionnaires présentèrent des offres : on accepta celle de la Compagnie commerciale de l'Alaska comme présentant le plus de garanties pour le gouvernement au sujet de la protection des pêcheries.

La réglementation imposée interdisait l'usage des armes à feu et de tout autre moyen pouvant épouvanter les phoques, et limitait les captures à cent mille phoques mâles âgés de plus d'un an et de moins de cinq ans, pendant les mois de juin, juillet, août, septembre, octobre de chaque année. En échange le concessionaire s'engageait à verser annuellement cinquante-cinq mille dollars comme loyer des îles et une taxe de deux dollars pour chaque peau de phoque à fourrure prise et embarquée par lui. Différentes autres obligations étaient de plus, imposées à la Compagnie: fournitures de vivres aux habitants des îles, entretien d'écoles : enfin la vente des liqueurs spiritueuses était interdite.

En 1874 le Congrès vota un acte amendant la concession de 1870. Le secrétaire de la Trésorerie fut autorisé à fixer le nombre des animaux qui pouvaient être capturés et les mois pendant lesquels il serait permis de les prendre : le contrôle de l'abatage des phoques fut confié aux fonctionnaires du gouvernement.

La concession fut renouvelée à son expiration légale, c'est-à-dire en 1890. Elle fut obtenue, entre dix soumissionnaires, par la Compagnie commerciale de l'Amérique du Nord. Le loyer fut porté à 60.000 dollars, la taxe par peau à 9 dollars : la quantité de vivres à fournir aux indigènes fut augmentée, la Compagnie dut leur fournir des logements gratuits des médecins et prendre soin des veuves et des enfants.

Pendant les vingt années de la première concession, le nombre de phoques pouvant être tués chaque année fut fixé à 100.000. Pendant la première année de la deuxième concession : ce nombre fut réduit à 60.000 et pour les années suivantes les captures devaient être fixées par le Secrétaire du Trésor.

Plusieurs enquêtes furent ordonnées et faites par le Congrès pour rechercher si les concessionnaires accomplissaient bien toutes leurs obligations : il fut constaté que la Compagnie commerciale de l'Alaska s'était, en tous points, conformée aux clauses de sa concession en exécution des dispositions de l'acte de 1870.

CHAPITRE III

Mœurs et migrations des phoques à fourrure
du troupeau des îles Pribilof.

Il suffit de parcourir un ouvrage quelconque d'histoire naturelle pour voir combien nos connaissances sont imparfaites en ce qui a trait aux conditions d'existence des animaux sauvages vivant en liberté. Alors que les faits se rapportant à l'anatomie, à la physiologie et à la classification sont exposés avec une précision extrème et une prolixité parfois exagérée, quelques lignes au plus sont consacrées à décrire le genre de vie, les mœurs et les habitudes des espèces ; et c'est à peine si, depuis quelque temps, on commence à attacher toute l'importance qu'elle mérite à cette partie de la science.

Pour citer un exemple : on peut remarquer que chez la plupart des formes animales, les moindres détails de la maturation des germes, de la prolifération des cellules qui leur donnent naissance dans les organes internes, de l'action de ces cellules les unes sur les autres avec l'extraordinaire complexité de la division des éléments fécondants et fécondés, nous sont admirablement connus, alors que, presque toujours, personne n'a encore observé directement comment les sexes se recherchent, se rencontrent et s'unissent.

Lorsque, par hasard, quelques renseignements un peu plus détaillés sont donnés, il suffit d'une critique, même superficielle, pour s'apercevoir, ou bien que les auteurs émettent, sans scrupule et sans contrôle, des opinions hasardées, ou bien qu'ils restent dans le vague absolu de généralités douteuses, sans pouvoir rien affirmer de précis et de certain.

On aurait pu croire que, pour les phoques à fourrure, dont nous avons à faire connaître les mœurs, alors qu'il s'agit d'animaux se rapprochant à quelque degré de nos animaux domestiques, tout au moins pour la partie de leur existence qu'ils passent à terre, il en serait autrement, et qu'il serait facile de donner des renseignements biologiques exacts : on verra, ci-dessous, qu'il n'en est rien et qu'il reste beaucoup d'incertitude au sujet de faits que, semble-t-il, tout observateur est à même de contrôler sans erreur possible.

L'histoire naturelle des phoques à fourrure se trouve dans l'ouvrage général d'Allen. *Monograph of the North American Pinnipeds* et dans des monographies spéciales de différents auteurs dont les plus connus sont celles de Bryant, d'Elliot, de Maynard et de Stanley-Brown.

Comme il ne s'agit pas ici d'un mémoire scientifique proprement dit, mais bien et uniquement, d'un simple chapitre dans lequel nous avons l'intention d'exposer les faits se rapportant à la vie et aux mœurs des phoques, nous avons cru pouvoir nous dispenser de donner, en notes, les renseignements bibliographiques ordinaires renvoyant aux sources : il nous a paru suffisant, chaque fois qu'il y aura des divergences d'opinion, de citer les auteurs dont nous faisons connaître les observations.

Nous laisserons systématiquement et soigneusement de côté, tout d'abord, pour y revenir ensuite en détail, les avis exprimés par les commissaires enquêteurs anglais et américains de la « Joint-Commission », car il est de toute évidence, à la simple lecture, que ces avis n'ont pas toujours été impartiaux, mais, le plus souvent, dictés par le désir de faire triompher, devant le tribunal, la thèse soutenue par l'un et l'autre des deux gouvernements.

Les phoques à fourrure font partie de l'ordre des *Pinnipèdes* que les auteurs décrivent comme suit : (Claus: *Traité de zoologie*) Mammifères couverts de poils, vivant dans l'eau, munis de pieds pentadactyles transformés en nageoires, dont les postérieures sont dirigés en arrière et d'un système dentaire complet, dépourvus de nageoire anale.

Cet ordre est divisé en deux grandes familles dont la plus nombreuse en espèces, celle des *Photidæ* comprend cinq genres: Les phoques à fourrure font partie du genre *Otarie* et ont été nommés par Péron, qui, le premier, les a étudiés : *Otaria* (*callhorinus*) *ursina.*

Le *Callhorinus ursina* est un animal amphibie : il vit à terre pendant toute la durée de la saison de reproduction et à la mer le reste du temps sans jamais pénétrer dans les eaux douces.

Il habite l'Océan Pacifique nord et les mers en dépendant. Mais son habitat était, il y a peu de temps encore, beaucoup plus étendu qu'aujourd'hui. Le professeur Jordan, dont l'autorité est indiscutable sur toutes les questions de biologie marine, a eu la preuve qu'on en prenait beaucoup le long de la côte ouest d'Amérique, jusqu'à l'île Guadelupe, c'est-à-dire jusqu'aux environs du 30me degré de latitude nord, il y a une vingtaine d'années. On ignore si les phoques, qui vivaient aussi loin vers le sud, émigraient de la mer de Behring ou ne quittaient pas, pour se reproduire, les parages où on les capturait; mais on est certain, qu'à l'époque où se réunit le Tribunal d'Arbitrage, en 1892, l'espèce était strictement confinée, pendant son séjour à terre, sur deux points des régions nord du Pacifique (1), l'un à l'est : les îles Pri-

---

1. Nous ne considérons pas la mer d'Okhotsk, tout à fait fermée, comme faisant partie de l'Océan Pacifique. On trouve des phoques sur une des îles de cette mer : Robben Island.

bilof (latitude de 55°) dans la mer de Behring : l'autre à l'ouest, les îles du Commandant, près de la côte du Kamtchatka (latitude 54°).

Étant donné leur genre d'existence, les phoques doivent, nécessairement, être étudiés, au point de vue de leurs mœurs, pendant leur séjour à terre et pendant leur vie pélagique.

Nous parlerons d'abord de leurs habitudes pendant leur séjour à terre. Ces habitudes sont sensiblement les mêmes dans leurs deux habitats, mais nous nous bornerons à envisager celles du troupeau des îles Pribilof, qui seul nous intéresse.

Mœurs et habitudes des phoques à fourrure pendant leur séjour à terre.

Les îles Pribilof (ou Pribilov) sont situées à 300 milles de la pointe extrême nord-ouest de la presqu'île d'Alaska qui est la terre la plus rapprochée. Elles sont au nombre de quatre :

Saint-Paul qui a treize milles en longueur et six milles en largeur et sur laquelle se trouvent un certain nombre de collines dont la plus élevée ne dépasse pas 200 mètres.

Saint-Georges qui a quatorze milles en longueur et dont la largeur moyenne ne dépasse pas cinq milles, et qui est, sur la plus grande partie de ses côtes, bordée de hautes falaises souvent à pic.

Otter-Island, située à très petite distance de Saint-Paul et qui a environ un mille en chaque sens.

Walrus-Island, également située tout auprès de Saint-Paul, et qui est un simple rocher plat de un quart de mille.

Un canal de 37 milles sépare les deux grandes îles : Saint-Paul et Saint-Georges.

Il n'y a pas un seul arbre, ni un seul buisson sur les îles : le sol est composé uniquement de rochers volcaniques (probablement tertiaires) et de quelques plages de sable.

Le climat est particulièrement humide et brumeux. Dans une période de huit ans, pendant les mois de juin, juillet et août, il n'y a eu que huit jours de beau temps. De mai à novembre la température moyenne a été de 5° : En août, mois le plus chaud elle a atteint 8°. La plus haute température observée (16°) l'a été une seule fois : la plus basse, dans ces mêmes mois n'a pas dépassé — 2°. Ce climat, tout spécial au point de vue de l'extrême humidité, paraît convenir aux phoques qui craignent beaucoup les rayons du soleil pendant leur séjour à terre.

Il existe sur l'île Saint-Paul, plus plate et plus accessible, dix emplacements spéciaux sur lesquels les phoques se réunissent en groupes pendant qu'ils habitent les îles. Sur l'île Saint-Georges dont les falaises à pic sont d'un accès plus difficile en dehors de quelques plages, ces mêmes emplacements sont au nombre de cinq seulement. Nous les désignerons sous leur nom anglais de « rookeries » qui n'a pas d'équivalent bien exact en français.

Chaque « rookerie » se divise en deux parties : Un « breeding ground » ou « plage d'élevage » où s'établissent les mâles et les femelles adultes et où vivent les jeunes pendant un certain temps : et un « hauling ground » qu'on pourrait traduire par « terrain de halage » où se tiennent rassemblés les phoques non adultes.

Les « plages d'élevage » sont des terrains rocailleux, situés à proximité de la mer et couverts de débris de lave de formes et de grosseurs différentes : les « hauling grounds » au contraire sont des plages sablonneuses, situées à proximité des « plages d'éle_vage » mais en général en arrière, c'est-à-dire plus éloignées de la mer.

Le troupeau des îles Pribilof, pendant qu'il habite les îles, se compose de mâles et de femelles adultes se reproduisant sur les îles mêmes, de mâles et de femelles non adultes et des jeunes de l'année.

Il existe un dimorphisme sexuel très prononcé, car, alors que les mâles, parvenus à toute leur croissance, pèsent de 500 à 700 livres, les femelles dépassent rarement le poids de 100 livres : une telle disproportion est assez rare chez les mammifères.

Les pêcheurs ont adopté des noms particuliers pour distinguer les sexes et les âges : ils nomment :

« Bulls » ou « Beach master » ou « Sekatchie » (taureaux), les mâles âgés de plus de cinq ans et tout à fait aptes à se reproduire.

« Cows » ou « Matkie » (vaches) les femelles arrivées à l'âge de l'accouplement.

« Bachelors » ou « Holluschutkie » (célibataires) les jeunes mâles âgés de moins de cinq ans.

« Pupps » (veaux) les jeunes des deux sexes avant l'âge adulte, c'est-à-dire encore incapables de se reproduire.

Tous les auteurs admettent que les mâles sont adultes et pourraient se reproduire à l'âge de quatre ans, mais que, jusqu'à ce qu'ils aient cinq ou six ans, ils sont chassés par les vieux mâles lorsqu'ils essaient de se procurer des femelles : on leur donne souvent, pendant cette période de leur existence, le nom de « half bulls » ou « réserves ».

Bulls (Taureaux). — Les mâles de cinq à six ans, ou « bulls » proprement dits, sont très fortement polygames, comme le sont, le plus souvent, les mâles des mammifères vivant en troupeaux. Nous venons de voir qu'ils sont adultes vers quatre ans : Bryant donne les raisons qu'on a de croire qu'ils vivent, en moyenne, une douzaine d'années.

Ils arrivent aux îles vers la fin d'avril, ou les premiers jours de mai : mais les arrivages les plus nombreux s'observent dans les premiers jours de juin. Dès qu'ils ont pris terre ils s'établissent sur les « pla-

ges d'élevage » des rookeries pour y attendre l'arrivée prochaine des femelles, et on suppose que, le
plus souvent, ils essaient d'occuper, à nouveau, leur
place des années précédentes. Des combats furieux
s'engagent entre eux pour la prise de possession
de l'emplacement choisi, ceux les plus rapprochés
de la mer étant les plus recherchés, parce que les
femelles y arrivent d'abord. Dès que celles-ci se présentent sur la rive, les « bulls » essaient de s'en emparer pour les conduire au point qu'ils occupent sur
la plage d'élevage et qu'on nomme le « harem ».

Il existe quelques différences d'appréciation relativement au nombre des femelles que chaque mâle
réunit pour les féconder dans les limites de son
« harem ». Bryant estime que chaque famille se compose d'un « bull » et d'une quinzaine de femelles :
Elliot donne le même nombre mais seulement pour
les « harems » qui se trouvent les plus rapprochés
de la mer ; pour les plus éloignés, il compte de cinq
à douze femelles au plus. Magnard admet les chiffres
de cinq à vingt, en moyenne dix. Des observations
faites par d'autres auteurs donnent une moyenne de
quinze à vingt.

On doit conclure, en résumé, que ce nombre est
assez variable et dépend de beaucoup de circonstances diverses. Ce qui paraît nettement établi et ressort clairement des dénombrements et des remarques
faites par tous les observateurs, c'est que chaque

« bull » essaie de s'approprier le plus de femelles qu'il peut, et qu'il y a des rapts fréquents d'un harem à l'autre : il n'est pas rare de voir deux rivaux jaloux blesser gravement une femelle en s'en disputant la possession.

La période du rut dure environ trois mois, de la mi-avril à la mi-juillet, date de l'arrivée des dernières femelles qui, comme nous allons le voir plus bas, abordent aux îles jusqu'au 15 juillet environ.

Pendant tout ce temps, il est établi, que les « bulls » ne prennent aucune nourriture. Ils veillent sans cesse, avec une jalousie extrême, sur les femelles qu'ils ont rassemblées, et ne permettent à aucun autre mâle d'en approcher. Mais, quand toutes sont fécondées, ils retournent à la mer ou errent de côté et d'autre sur les rives ou les bancs de varechs. Les plages d'élevage sont du reste, à ce moment, plus ou moins envahies par les jeunes des « hauling grounds ».

Vers le 1er août, quelques « bulls » quittent les îles : les derniers sont partis au commencement d'octobre. On a remarqué que les bulls les plus forts et les plus gros émigraient les premiers.

Cows (VACHES). — Bryant a pu déterminer, par des examens microscopiques, que les femelles avaient de onze à treize portées : leur vie se prolongerait donc jusqu'à environ quinze ans. Elliot pense qu'elles atteignent souvent dix-huit ans.

On est généralement d'accord pour admettre que la femelle reçoit pour la première fois le mâle à deux ans. Un auteur russe, Vermianof, pense que, jeunes, elles portent chaque année, mais qu'à la fin de leur vie elles conçoivent seulement tous les deux ans. On a la presque certitude que la durée de la gestation est d'environ cinquante semaines.

Les femelles ne mettent bas, à la fois, qu'un petit, et la naissance de jumeaux est aussi rare, dit-on, chez elles que chez la vache domestique.

Il semble, qu'à la naissance, les sexes sont à peu près en nombre égal.

L'arrivée des femelles pleines aux îles dépend de la fin de leur période de gestation : quelques-unes abordent au commencement de juin, mais le plus grand nombre prend terre au milieu et à la fin de juin, et il s'en présente encore mais moins nombreuses jusqu'à la mi-juillet.

Elles se dirigent toutes, immédiatement, vers les plages d'élevage, où les bulls s'en emparent pour les conduire dans leurs harems.

Elles mettent bas immédiatement et reçoivent le mâle deux semaines environ après la parturition. On n'est pas absolument fixé sur cet intervalle entre la mise-bas et l'accouplement : il paraît y avoir d'assez nombreuses variations individuelles. Mais en tous cas il s'écoule peu de jours avant que la femelle ne soit de nouveau fécondée.

C'est pendant cette période qu'elles sont surveil-
lées, avec une extrême jalousie, par les mâles qui ne
leur permettent jamais de s'éloigner des limites du
harem.

Vers la fin de juillet, toutes les femelles étant
pleines, la surveillance, comme nous l'avons dit, commence à se relâcher sur les « rookeries » et les femelles peuvent s'éloigner lorsqu'elles n'allaitent pas
leurs petits.

Bryant et Elliot sont d'avis que chaque femelle
allaite son propre jeune et ne nourrit jamais ceux
des autres mères. Ils rapportent, tous deux, à ce
sujet, des observations suffisamment probantes, pour
qu'on puisse admettre le fait comme nettement établi. C'est du reste une règle générale dans les troupeaux de mammifères, et il serait plutôt étonnant
qu'il en fût autrement.

Il est également très probable que les mères, pendant qu'elles allaitent, vont à la mer pour y chercher leur nourriture. Bryant dit qu'elles restent sur
les « rookeries », sans les quitter, pendant six semaines après la mise bas ; d'autres auteurs sont moins
précis sur ce point.

Il existe des divergences d'opinion importantes,
entre les observateurs au sujet des mouvements des
femelles jusqu'au sevrage : les uns affirment qu'elles
peuvent rester absentes, un, deux ou trois jours, et
qu'elles se rendent sur des bancs où elles trouvent à

se nourrir, jusqu'à 60 ou 70 milles des îles ; les autres,
qu'elles reviennent chaque soir ; d'autres enfin qu'elles ne mangent pas si ce n'est tout à fait à la fin de
la saison d'élevage, et ils en donnent pour preuves
l'absence d'excréments sur les « rookeries » pendant
les premiers mois après la parturition. Nous aurons à
revenir sur ce sujet.

Les femelles ne quittent les îles que lorsque les
jeunes peuvent se passer de leurs soins, c'est-à-dire à
peu près à la fin de novembre.

Bachelors (Célibataires). — On nomme ainsi,
comme nous l'avons vu, les mâles âgés de trois à
six ans, déjà aptes à se reproduire, mais que les
vieux mâles tiennent éloignés du troupeau de femelles.

Ils arrivent aux îles, en général, en même temps
que le groupe principal des « bulls », c'est-à-dire au
commencement de juin, et se rendent de suite aux
« rookeries ». Mais ils sont chassés des plages d'élevage et doivent se confiner sur les « hauling
grounds » de chaque « rookerie ». — Ce sont exclusivement les « bachelors » qui sont sacrifiés par les
pêcheurs et dont les peaux servent comme fourrures.
— On a souvent observé que les « célibataires »
essaient de se rapprocher des « plages d'élevage » et
de s'accoupler avec les femelles des harems échappant un instant à la surveillance des « beach mas-
ters » : ces observations, du reste, n'auraient-elles

pas été faites, qu'on pouvait être certain que les choses se passent effectivement ainsi, car les mœurs de tous les mammifères, vivant en troupeaux, sont les mêmes, et les mâles les plus robustes et les plus forts, doivent toujours veiller sur les femelles dont ils se sont emparés, pour les soustraire aux entreprises des autres mâles plus jeunes mais cherchant déjà à s'accoupler.

La question de savoir si ces tentatives réussissent plus ou moins chez les phoques à fourrure est controversée ; mais la règle n'en reste pas moins générale, que les femelles sont, sauf exception plus ou moins fréquentes suivant les cas, fécondées par les « bulls » qui sont les seuls mâles occupant les « plages d'élevage ».

Bryant et d'autres auteurs admettent que les « célibataires », quoique errant sans cesse et allant assez souvent à la mer, ne prennent presque jamais de nourriture. On en donne comme preuve le fait que les estomacs des premiers phoques sacrifiés, au moment où ils atterrissent sont toujours pleins de nourriture, en général de morues, tandis que, plus tard, ils sont entièrement vides.

Les « bachelors » quittent les Pribilof à peu près en même temps que les femelles, donc en novembre ou un peu avant cette date, lorsque les mauvais temps deviennent fréquents et la mer grosse.

Pupps (Veaux). — Nous avons dit que les femelles mettaient bas peu de temps après leur arrivée aux îles. La parturition s'accomplit sur les « plages d'élevage » et les jeunes séjournent aux îles pendant toute la durée de l'allaitement. A leur naissance ils pèsent de 6 à 8 livres et leur tête est très grosse : ils sont de couleur presque noire et n'ont pas encore le revêtement de fourrure qui se trouve sous le poil des adultes.

A l'âge de six à huit semaines, ils commencent à se réunir en groupes, plus ou moins, nombreux suivant les « rookeries », et qu'on nomme des « pods ». Le fait de ce groupement prend, dans le langage des pêcheurs, le nom de « podding ».

Ils semble absolument établi que les jeunes phoques ne savent pas nager en venant au monde, et doivent l'apprendre graduellement, avant d'aller à la mer et que, par conséquent, il est absolument impossible que les femelles puissent mettre bas ailleurs qu'à terre. Stanley-Brown a constaté que le placenta reste attaché au nouveau-né pendant vingt-quatre heures et plus après la naissance, par le cordon ombilical, et il remarque qu'un jeune phoque naissant à l'eau serait infailliblement entraîné au fond « par cette ancre d'un nouveau genre ».

Bryant et Elliot ont constaté que c'est vers la fin d'août que les jeunes phoques commencent à s'approcher de la mer et à s'essayer aux mouvements de la natation : plus tôt, Stanley-Brown et de nombreux observateurs l'ont remarqué, ils ont une grande frayeur de l'eau : il résulte de divers essais que les tentatives faites pour obliger un jeune phoque à nager dès sa naissance entraîne toujours sa mort par immersion.

D'après H. Multon il y aurait même une différence essentielle et constante, entre la locomotion des jeunes qui n'ont pas encore nagé et celle des phoques plus âgés, devenus réellement amphibies ; ces derniers tirant après eux leurs nageoires de derrière, tandis que les jeunes s'en servent comme ils le feraient de pieds.

L'éducation, relativement à la nage, paraît se faire suivant deux méthodes distinctes : tantôt les jeunes, réunis en « pods » s'avancent graduellement dans la mer et apprennent seuls à nager, tantôt les mères les transportent jusqu'à l'eau dans leurs gueules et surveillent les premiers efforts.

En ce qui a trait à l'allaitement, Elliot écrit: « La « mère, sans pénétrer tout d'abord dans la foule de « milliers de jeunes, reconnaît la voix de son petit, « et ensuite s'avance, les écartant à droite et à gauche « vers l'endroit où il l'appelle.» Il ajoute : « j'ai vu de si « nombreuses femelles chassant un grand nombre de « jeunes pour en choisir un en particulier, que je suis « absolument certain que les mères connaissent leur « petit et n'en nourrissent jamais d'autres ; je crois « qu'elles les reconnaissent par l'ouïe et l'odorat. »

Bryant dit de son côté, qu'en revenant de la mer, la femelle appelle son petit avec un bêlement plaintif, comme le font les brebis ; beaucoup de jeunes répondent à cet appel ainsi que les jeunes agneaux : lorsqu'elle les rencontre, elle les observe, puis les dépasse en hâte, jusqu'à ce qu'elle reconnaisse le sien.

On croit généralement que les jeunes peuvent rester jusqu'à trois jours sans téter.

Il semble établi, malgré quelques observations contraires, présentées sans beaucoup de preuves, que les femelles sont attachées à leurs petits, comme du reste, les femelles de presque tous les animaux ; on en a vu, en tout cas, s'élancer à la mer pour ramener leurs jeunes qu'une lame avait emportés.

A partir du moment où ils sont réunis en « pods » les jeunes vont assez souvent à la mer ; mais paraissent cependant rester plus longtemps à terre où ils sont allaités.

Ils peuvent être sevrés vers l'âge de quatre mois.

Ils prennent la mer et quittent les îles avec les femelles, en novembre.

Comme nous le verrons, une partie de la controverse exposée devant le Tribunal d'Arbitrage a porté sur la question de savoir si les phoques à fourrure devaient être considérés comme des animaux sauvages ou comme des animaux domestiques. Les détails que nous venons de donner sur leurs mœurs pendant leur séjour à terre peuvent paraître suffisants pour qu'on se fasse une opinion à ce sujet : comme toutefois les conseils des deux gouvernements ont paru attacher une grande importance à trois points spéciaux, celui de l'accouplement, celui de la natation, et celui du nombre des animaux habitant les « rookeries », nous ajouterons quelques mots à ce qui a été dit ci-dessus relativement à ces trois particularités de la vie des phoques.

ACCOUPLEMENT. — L'accouplement a lieu normalement à terre, sur les plages d'élevage et très peu de jours après la mise bas des femelles. Il constitue un acte brutal et s'accomplit en six ou huit minutes.

Tout le monde est d'accord sur ce point comme règle générale. Bryant, à la vérité, à l'époque (1869) où il fit ses premières observations, avait écrit au professeur Allen : « Quand il y a un nombre suffisant « de mâles adultes, l'accouplement se fait principale- « ment sur les plages d'élevage, les « halfbulls » ou « « réserves » n'y participant que très peu et il s'ac- « complit très rarement dans l'eau. Depuis 1874, et « à cause de la diminution du nombre des mâles adul- « tes, une beaucoup plus grande proportion de femel- « les reçoivent le mâle dans l'eau, de telle sorte que « chaque journée de calme après le 20 juin, en pre- « nant un canot et en s'éloignant un peu du rivage, on « peut voir un nombre considérable de couples et « s'en approcher suffisamment pour bien observer. »

Mais, outre que Bryant a modifié plus tard (1879) cette assertion après avoir fait remarquer au même professeur Allen « que toutes les fois qu'il modifie ses déclarations antérieures, ces changements sont dus à des corrections rendues nécessaires par son expérience prolongée », on voit qu'il est très précis sur le fait que l'accouplement a lieu « *principalement* » à terre sur les plages d'élevage.

Tous les autres auteurs admettent que la copulation est impossible à la mer. Tel est l'avis de Stanley-Brown qui fait remarquer que les tailles relatives du mâle et de la femelle sont si disproportionnées que l'accouplement dans l'eau submergerait infailliblement la femelle : du Dr H. H. Mc Intyre qui, malgré les observations les plus attentives, n'a jamais pu voir un accouplement se produisant à la mer : du professeur H. Dall qui écrit, qu'il n'a jamais eu l'occasion de s'assurer que les couples de phoques folâtrant dans l'eau fussent de sexe différent, ni que leurs jeux fussent de nature sexuelle. On pourrait même ajouter que tel est également l'avis implicite des commissaires britanniques eux-mêmes, puisque tout en admettant la possibilité et la fréquence du coït aquatique, ils n'en ont pas observé un seul cas au cours de leurs recherches.

Du reste le seul fait, si bien et si complètement établi, de l'extrême jalousie des « bulls » et des efforts qu'ils font pour retenir leurs femelles dans les « harems » *à terre* seront une preuve suffisante à défaut de toute observation directe.

Nous conclurons donc que l'accouplement, chez le phoque à fourrure, a lieu normalement à terre.

Nutrition. — Nous avons dit quelques mots, dans les pages qui précèdent, de la nutrition des phoques en examinant le genre de vie à terre des « bulls » des vaches, des célibataires et des jeunes. Nous devons compléter maintenant ces renseignements, en donnant un exposé plus complet, surtout en ce qui a trait à la nutrition des vaches, lorsqu'elles allaitent leurs petits.

Pendant leur vie pélagique, les phoques se nourrissent de poissons de toutes espèces, en général et le plus souvent, cependant, de harengs ; on a la preuve qu'ils suivent les bancs de ces poissons sur les côtes de la Colombie britannique ; mais ils consomment aussi, en très grandes quantités, des calmars. Les harengs et les calmars étant des animaux de surface, les phoques se nourrissent donc, en résumé, non sur le fond, mais à la surface de la mer.

A tout âge ils ont la singulière habitude d'avaler, occasionnellement, des cailloux parfois assez gros (3 à 4 centimètres). On suppose que c'est comme remède contre les vers intestinaux, parasites très nombreux chez eux. Le Dr Gunther du British Museum, a trouvé un caillou dans l'estomac d'un phoque âgé d'un mois à peine. L'accumulation de ces cailloux, qu'ils aient été dégorgés par les phoques vivants ou proviennent de l'estomac des phoques morts dont les cadavres se sont décomposés, est assez grande, sur certaines « rookeries », pour que Stanley-Brown en fasse mention.

Comme nous l'avons vu, pendant leur séjour aux îles, « les bachelors » ne prennent certainement aucune nourriture, et il en est de même des «bulls» pendant toute la saison du rut.

Il est extrêmement difficile de comprendre qu'il puisse en être ainsi ; cependant il faut nécessairement l'admettre, puisque les estomacs de millions de jeunes mâles, sacrifiés depuis tant d'années, sont trouvés vides ; et que les « bulls » ne quittent point le rivage sur lequel ils ont réuni leurs femelles pendant tout le temps qu'ils veillent sur celles-ci. Les commissaires britanniques ont fait, du reste, à cet égard, des observations directes, tout à fait probantes, en examinant les viscères d'un assez grand nombre de phoques.

La remarque, faite par Bryant, que, sur le sol des rookeries, on ne trouve pour ainsi dire pas d'excréments, est fort intéressante. Elle n'est pas, à la vérité, une preuve sans réplique, du fait que les animaux ne prennent aucune nourriture, car tous les phoques des rookeries vont, plus ou moins souvent, à l'eau pendant leur séjour aux îles, et il n'est pas impossible que les fonctions naturelles s'accomplissent plutôt à la mer. En tous cas, comme d'après les estimations les plus modérées, il y a souvent plus de 2.000.000 de phoques sur les îles, si les excréments s'accumulaient les « rookeries » deviendraient rapidement inhabitables.

Mais si la question de la non-alimentation est indiscutée en ce qui concerne les mâles ; elle est, au contraire, des plus controversées, en ce qui concerne les femelles allaitant.

Bryant dit que les estomacs de quelques femelles qu'il a tuées pour la dissection étaient vides, et il en était de même de deux femelles ouvertes, aux îles du Commandant, par les commissaires britanniques. Cependant on peut conclure des renseignements de toute nature recueillis par ces mêmes commissaires, et quoique ces renseignements soient présentés d'une façon extrêmement confuse et avec d'extraordinaires contradictions qui semblent parfois voulues, que les femelles vont à la mer à partir du milieu d'août pour y chercher leur nourriture. Les uns soutiennent qu'elles y vont seulement la nuit, d'autres également pendant le jour ; certains pêcheurs les ont vues à 70 milles des îles, en grand nombre, sur des bancs poissonneux ; d'autres disent qu'elles s'éloignent fort peu ; quelques-uns seulement qu'elles ne prennent jamais de nourriture.

Les avocats américains ont soumis à une critique attentive toutes les assertions des commissaires anglais : ils en ont fait aisément ressortir tous les points faibles et, pourrait-on dire, toute l'incohérence. Ils citent du reste, de leur côté, l'avis de nombreux pêcheurs ou employés de pêcheries, qui affirment de la façon la plus catégorique, que les femelles se nourrissent à la mer pendant l'allaitement : ils citent, de plus, les cas très nombreux et très probants où des femelles pleines de lait ont été prises à 60, 100 et même 150 milles de terre. Ces cas étaient des plus importants pour le Tribunal, puisqu'ils prouvaient que toute capture d'un phoque à la mer entraîne outre la mort de la vache, celle de son fœtus ou celle du jeune laissé sur la « rookerie » : Aussi les conseils des États-Unis les ont-ils relevés et exposés de leur mieux. Il serait inutile de relater ici, en détail, l'importante partie de leur plaidoyer, où ils relatent les faits eux-mêmes : il nous suffira de dire qu'ils ont surabondamment établi qu'on tuait à la mer presque uniquement des femelles pleines et allaitant, et en nombre très considérable.

Du reste, comme le font observer Elliot, le professeur H. Dall et d'autres naturalistes, il serait contraire aux lois biologiques générales qu'une femelle, de mammifère pût rester sans prendre de nourriture, alors que son organisme est épuisé par la lactation et l'allaitement.

Ainsi, sans entrer dans de plus longs détails, conclurons-nous, avec la presque unanimité des observateurs, que les femelles des phoques se nourrissent en mer pendant la durée de l'allaitement et commencent à quitter le rivage pour chercher leur nourriture, peu de temps, une quinzaine de jours peut-être (Elliot, Stanley-Brown) après la parturition.

Nous devons dire, pour terminer ce qui a trait à la nutrition des phoques, qu'il paraît assez nettement établi que le jeune peut sans inconvénient rester deux à trois jours, sans être allaité par sa mère.

Nombre des Phoques fréquentant les iles Pribilof pendant une saison d'élevage. — De nombreuses tentatives ont été faites pour établir le dénombrement des phoques fréquentant pendant une saison les « rookeries » des deux îles.

Le problème ne peut être résolu que très approximativement, non seulement parce que le nombre des animaux est très variable suivant que l'élevage a plus ou moins bien réussi, mais encore parce que ce nombre est si considérable qu'on en est réduit à employer des méthodes dont l'exactitude est plus ou moins douteuse. Les calculs les plus précis paraissent avoir été faits par Bryant et Elliot, dont les systèmes consistaient à estimer l'étendue du terrain occupé en moyenne par un phoque, et à rechercher ensuite la surface totale des « rookeries » ; une multiplication leur donnait la population totale. Les autres observateurs ne nous ont pas fait connaître leurs méthodes de calculs.

Voici, chronologiquement, les chiffres que nous avons trouvés dans le mémoire des commissaires britanniques qui paraît assez complet et étudié sur ce point spécial :

1869   Bryant estime que la population total est de 4.400.000

1870   M. Bugnestky 5.000.000

1872   Elliot 4.700.000

1874   Lieutenant Magnard 6.000.000

1887   C. R. Tingle 4.500.000

1890   Elliot (2ᵉ recensement) 1.200.000

MM. G. Wardman, T. T. Morgan et le Dʳ M. Intyre, qui ont tous trois séjourné aux îles et tenté des recensements, pensent que ces chiffres, sauf le dernier, sont sensiblement exagérés.

Les commissaires britanniques après avoir discuté les renseignements qu'ils ont pu se procurer et avoir eux-mêmes examiné les rookeries en 1891, estiment que, cette année, le nombre total sur les deux îles devait se rapprocher de deux millions. On peut admettre ce chiffre, si on veut bien le considérer, comme très approximatif.

Migrations des phoques à fourrure.

Les faits relatifs aux mœurs des phoques à fourrure que nous venons d'exposer ont été observés —

sauf ceux se rapportant à la nutrition des femelles — pendant leur séjour à terre dans des conditions qui en rendent l'examen, en résumé, facile ; il est, en effet, possible à un observateur prudent de s'approcher des rookeries sans effaroucher les animaux qui les occupent, et il a tout le temps et le loisir nécessaire pour bien étudier les différents actes de leur vie.

Sans doute il existe, et nous les avons signalées, des différences d'appréciation entre les auteurs, mais ces différences ne sont pas essentielles. Il en est de même, du reste, de toutes les études qui ont été faites, au même point de vue, des autres animaux vivant à l'état de liberté. Chaque individu du groupe, qui nous paraît être entièrement semblable à son voisin, en diffère quelque peu physiquement ; il en diffère aussi, pourrait-on dire, psychiquement, et comme il ne nous est pas possible de pénétrer dans le secret de la mentalité animale, nous avons souvent beaucoup de peine à nous expliquer les raisons de tel acte légèrement différent suivant les individus. Si on ne tient pas trop grand compte de ces différences, pour ainsi dire individuelles, on peut admettre que, dans son ensemble, l'exposé que nous venons de faire du genre de vie des phoques, pendant leur séjour sur les îles, donne une idée suffisamment exacte et précise de leurs conditions d'existence.

Il n'en est plus de même de ce qui nous reste à dire

maintenant de leur vie pélagique. L'observation, de simple et relativement facile qu'elle était, devient très compliquée et difficile. Nous n'avons plus, ou nous avons rarement à notre disposition des renseignements recueillis, avec quelque esprit critique par des naturalistes de profession, et il nous faut, de toute nécessité, nous en rapporter à ce que nous apprennent les pêcheurs et les marins dont l'esprit d'observation est bien, en général, assez développé, mais dont les explications sont souvent confuses et incohérentes, plus souvent encore bornées à un point unique se rapportant à leur profession, ou basées sur des faits ayant, à quelque degré, le caractère de légendes admises sans critique et sans discussion.

Malgré ces difficultés et grâce à certaines circonstances spécialement favorables que nous ferons connaître, il est cependant possible de présenter un exposé suffisamment exact des conditions d'existence des phoques pendant qu'ils séjournent à la mer.

Nous n'avons pas besoin de faire remarquer l'importance qu'il y avait, pour les deux parties, à insister sur ce point particulier de la controverse. Si, en effet, il avait pu être établi que les phoques ne quittaient jamais les îles et les eaux territoriales dépendant des îles, la question de savoir si les Américains, propriétaires de ces îles, étaient en même temps propriétaires du troupeau, se fût trouvée immédiatement résolue en faveur des États-Unis. Mais s'il eût été démontré qu'après leur départ et après avoir voyagé plus ou moins en mer, ils allaient s'installer sur quelques points du rivage de la Colombie britannique par exemple, les Anglais pouvaient, eux aussi, réclamer une part de la propriété.

On comprend que, dans ces conditions, les deux parties devaient porter une attention toute spéciale à tous les faits relatifs aux migrations du troupeau. C'est effectivement, sur ce point, que, des deux côtés, on insista le plus. Les quelques autres renseignements donnés sur d'autres particularités, de la vie des phoques à la mer, nutrition, vitesse de déplacement, groupement en troupes plus ou moins considérables, etc., ne furent recueillis qu'en passant et sans qu'on y attachât beaucoup d'importance ni du côté anglais ni du côté américain. De sorte, qu'en résumé, les discussions et les controverses portèrent sur trois points.

1° Les phoques atterrissent-ils quelque part, et s'installent-ils sur un rivage quelconque après leur départ des îles ?

2° Se mélangent-ils avec d'autres troupeaux sur lesquels les États-Unis ne peuvent, en aucun cas, revendiquer un droit de propriété?

3° Quelles routes suivent-ils à la mer en quittant les les Pribilof en automne pour y revenir au printemps suivant ?

Nous étudierons la vie pélagique des phoques en l'examinant, successivement, à ces trois points de vue.

1°

Les phoques atterrissent-ils quelque part, et s'installent-ils sur un rivage quelconque après leur départ
des îles : ou, autrement dit, ont-ils un autre habitat terrestre que celui des îles Pribilof.

Les commissaires anglais et américains ont interrogé sur ce point les marins, les pêcheurs et les habitants des côtes (la plupart Indiens). Tous ont
reconnu, qu'en dehors des Pribilof, et sur l'immense
étendue de rivage du détroit de Behring à la Californie, on ne voyait jamais un seul phoque *à terre*.

Des renseignements circonstanciés, et, la plupart
assez précis, ont été recueillis sur leurs habitudes le
long des côtes de la Colombie britannique et de
l'Alaska : on peut les résumer comme suit :

Du commencement de décembre au commencement
de juin, ils vivent en troupe, à la limite des grands
fonds, au détroit de Fuca, aux îles du Cap Scott, sur
la rive ouest de Vancouver. Au milieu de juin ils dis-
paraissent totalement et on n'en voit plus jusqu'à la
fin de novembre ou au commencement de décembre.

Ils sont très nombreux de 90 à 100 et quelquefois
à 150 milles de terre ; mais il n'est pas rare d'en voir
beaucoup plus près du rivage, à 8 ou 10 milles des
pointes avancées dans la mer où l'eau est profonde.

Au large de Vancouver ils se nourrissent de toutes

espèces de poissons, mais surtout de harengs et de saumons (1) et ils ne quittent pas les bancs sur lesquels se réunissent ces poissons, tant que ceux-ci y séjournent eux-mêmes, c'est-à-dire jusqu'à la saison de la ponte, février ou mars, qui ramène beaucoup d'animaux de haute mer vers les petits fonds.

Ces observations corroborent en le confirmant, le fait d'une existence absolument pélagique des phoques après leur départ des Pribilof. Il demeure donc absolument certain qu'ils ne séjournent à terre que sur ces îles et qu'il n'existe nulle part ailleurs des « rookeries » où ils se réunissent.

Ce point n'ayant pas été mis en doute ni dans leurs plaidoyers et leurs mémoires, par les conseils du gouvernement anglais, qui l'ont tous considéré comme hors de discussion, nous n'insisterons pas davantage et croyons inutile de citer en détail les preuves qui en ont été données.

2⁰

Les phoques se mélangent-ils à d'autres troupeaux sur lesquels les États-Unis ne peuvent, en aucun cas, revendiquer un droit de propriété.

---

1. On a prétendu récemment que c'était par erreur qu'on avait compté les saumons parmi les proies ordinaires des phoques et il y a à ce sujet actuellement une vivre controverse dans la presse américaine de Californie.

Nous avons vu qu'il n'existait, d ans toute l'étendue
du Pacifique nord, que deux troupeaux de pho ques ;
l'un sur les îles Pribilof qui seul nous i ntéresse,
l'autre sur les îles du Commandant appartenant à la
Russie et situées à plus de 100 milles de la côte du
Kamtchatka. La question posée se ramène donc à
celle de savoir si les troupeaux des îles Pribilof et
des îles du Commandant se mélangent, normalement,
à un moment quelconque.

Les commissaires américains citent de nombreuses
dépositions de personnes engagées dans le commerce
des fourrures et très compétentes, qui affirment qu'on
peut, à première vue, et par un examen même super-
ficiel distinguer une peau de phoque de l'Alaska d'une
peau de phoque des îles russes. On a même adopté
deux dénominations différentes suivant ces deux pro-
venances et les peaux des îles Pribilof sont toujours
cotées, sur les marchés, à un prix sensiblement
supérieur au prix des peaux des îles du Commandant.
Les commissaires anglais ne contestent pas ce point
et admettent qu'il y a toujours une différence légère
(varietal) entre les phoques fréquentant les deux
groupes d'îles.

La question du mélange proprement dit ne se
trouve pas, tout entière, résolue par cette constatation, car on peut parfaitement concevoir que même
si les individus des deux troupeaux se rapportent à
des variétés distinctes, ceux-ci se rapprochent cepen-

dant, pendant leur séjour à la mer, jusqu'à se mélanger plus ou moins en habitant, en même temps, dans les mêmes parages. Aussi les conseils des deux parties ont-ils dû se placer à ce point de vue.

Les dépositions recueillies par les Américains et que les avocats des États-Unis citent dans leur plaidoyer, sont nombreuses — ils ont entendu quinze témoins — toutes concordent pour établir que les deux troupeaux ne se rapprochent et ne se mélangent jamais, pendant le séjour des phoques dans la mer de Behring. (Nous verrons, plus loin, qu'ils suivent des routes opposées dans leurs migrations hors de cette mer).

Le rapport des commissaires britanniques est remarquablement confus sur ce point ; et, même en le lisant avec une extrême attention, on ne parvient pas à reconnaître à quelle conclusion définitive veulent arriver ses auteurs. Nous citerons le paragraphe 453 du rapport, qui semble le mieux exprimer l'ensemble des opinions, souvent contradictoires, émises par eux, dans le chapitre ayant pour titre : Relations et mélanges entre les phoques des îles Pribilof et ceux des îles du Commandant. « L'enquête et « les observations qui viennent d'être faites, cependant, rendent possible la démonstration du fait que. « les phoques à fourrure des deux côtés du Pacifique nord suivent, dans la règle, des routes de « migrations pratiquement différentes — qui sont

« plus loin tracées et décrites — et on croit que, jus-
« qu'à un certain point, le transfert des phoques iso-
« lés ou par petits groupes, entre les îles Pribilof et
« celles du Commandant est plutôt exceptionnel que
« normal. On ne suppose pas qu'aucun mouvement
« volontaire ou systématique de phoques s'établisse
« entre un groupe d'îles et l'autre, mais il est pro-
« bable que si on continue à troubler les phoques
« sur un des groupes, ils pourront, dans l'avenir,
« aller s'établir sur l'autre groupe.

Il est possible de conclure de ce texte, malgré
les singulières réticences et les réserves qu'il comporte, réticences et réserves qu'on trouve partout
dans le rapport, même sur les points les moins con-
troversés, que les commissaires anglais admettent,
en dernière analyse, qu'il n'y a pas de mélange
proprement dit d'un troupeau avec l'autre troupeau.

Mais, après avoir écrit ce que nous venons de traduire ci-dessus, les auteurs n'en ont pas moins publié deux cartes de migrations des phoques en août
et septembre, c'est-à-dire à l'époque où ils vivent
dans la mer de Behring, en représentant, par une
teinte uniforme recouvrant toute cette mer, et s'étendant des îles Pribilof aux îles du Commandant,
l'aire occupée par les phoques fréquentant cette mer.

Ainsi, alors que leur texte dit « qu'il n'y a pas de
mélange normal » leurs cartes indiquent que le
troupeau des îles Pribilof et celui des îles du Com-

mandant, se rencontrent et se mélangent partout
d ans les mois d'août et de septembre. Le luxe de
preuves qu'ont cru devoir donner les avocats américains s'explique par ces étonnantes contradictions
de leurs adversaires.

Quoi qu'il en soit, les termes employés par les
commissaires britanniques « on ne suppose pas qu'un
« mouvement volontaire et systématique des phoques
« s'établisse entre les deux groupes d'îles » paraît
suffisant pour qu'on puisse admettre, que même du
côté anglais, on a reconnu que les deux troupeaux
restaient séparés.

Il y a du reste, et c'est un point capital, 780 milles
entre les îles Pribilof et les îles du Commandant, et
il faudrait que les phoques s'éloignassent prodigieusement des « rookeries » pendant le séjour qu'ils y
font, pour que les deux troupeaux vinssent en contact immédiat au milieu de la mer de Behring.

Ainsi, il faut reconnaître que, si les Américains
ont un droit de propriété quelconque sur le troupeau des îles Pribilof, ce droit ne peut se trouver ni
diminué ni modifié par le fait que des phoques appartenant aux îles russes, viennent se mélanger à
leurs propres troupeaux.

3° *Migrations des phoques.*

L'examen des deux points que nous venons d'envisager : séjour des phoques à terre sur les îles Pri-

bilof seulement et mélange des deux troupeaux, ne
présentait pas, en dernière analyse, de bien grandes
difficultés. Comme nous l'avons vu, en effet, il a
suffi, d'une part, de constater l'absence de toute
« rookerie » sur d'autres îles et sur le continent,
et, d'autre part, d'établir qu'il existait des différences extérieures notables entre les individus, suivant
qu'ils appartenaient à un troupeau ou à l'autre, pour
arriver à des conclusions à peu près certaines.

Il n'en est plus de même des migrations proprement dites : On comprend, en effet, combien il est
difficile de suivre, dans leurs déplacements sur une
grande étendue de mer, des animaux progressant
avec une extrême facilité et une vitesse considérable, et suivant dans leurs mouvements les bancs de
poissons dont ils font leur nourriture. Reconnaître la
direction que suivent des êtres pélagiques, quand on
les rencontre à la mer, n'est pas une tâche aisée ;
si le temps est favorable on peut en voir, en grande
quantité dans un passage donné, qu'ils auront quitté
le lendemain, mais où ils reviendront dès que la
mer se calmera. Beaucoup peuvent s'égarer plus ou
moins et s'éloigner du gros du troupeau par suite
de circonstances inconnues ; faut-il dans ce cas : conclure du fait qu'on les rencontre, qu'ils suivaient normalement la route passant par le point où on a pu
les voir ?

Ces questions, et bien d'autres, se présentent à

l'esprit des observateurs et la conclusion générale est qu'il ne serait possible d'arriver à une connaissance exacte des routes de migrations que par une série d'observations directes et systématiques, longtemps prolongées et faites avec l'esprit scientifique le plus rigoureux et le plus précis.

De telles observations n'ont pas pu, évidemment, être faites par les commissaires de la « Joint-Commission » qui ont passé quelques mois de la belle saison seulement dans la mer de Behring et n'ont nullement suivi le troupeau émigrant de cette mer.

Dans de telles conditions, le problème pouvait donc paraître, à première vue, insoluble, et il le fut demeuré en effet, si, par suite de circonstances particulières, les mouvements des phoques n'avaient pu être assez aisément observés.

A leur départ des îles Pribilof, les phoques traversent la chaîne des îles Aléoutiennes qui s'étendent vers l'ouest sur 700 milles à partir de l'extrémité de la presqu'île d'Alaska, et sont séparées les unes des autres par d'étroits passages. Les phoques s'engagent dans ces canaux, où il est facile de les voir, et où les Indiens Aléoutes les chassent et les ont chassés de temps immémorial. Des observations avaient été faites à ce sujet longtemps avant que ne surgît la controverse entre la Grande-Bretagne et les États-Unis : elles avaient été suffisamment prolongées et précises, et les faits étaient assez notoirement connus des pêcheurs et des marins, pour qu'il ne subsistât aucun doute quelconque à ce sujet.

Plus au sud, en plein Océan Pacifique, les observations devenaient plus difficiles ; mais en se renseignant sur les côtes du continent et sur les îles voisines de la terre (Kadiak, Sitka, île de la Reine Charlotte, Vancouver) près des habitants assez nombreux, et se livrant pour la plupart à l'industrie de la pêche, on pouvait sans trop de peine et sans trop de chances d'erreur, arriver à savoir si, et à quelle époque, les phoques se montraient près du rivage ; donc, en résumé, tracer à peu près la route de leurs déplacements.

Ces routes sont données par les commissaires britanniques dans leur rapport et sur les cartes qui y sont annexées. Les Américains ont très vivement contesté, dans leur contre-mémoire, l'exactitude des cartes anglaises relativement aux indications qu'elles donnent sur le mélange des deux troupeaux des Pribilof et des îles du Commandant, dans la mer de Behring, pendant les mois de juillet d'août et de septembre, voir ci-dessus (page 85). Mais ils n'ont fait aucune objection contre le tracé indiqué dans la carte n° 2, comme représentant les routes suivies dans les migrations, si ce n'est une observation relative à l'indication sur ces cartes, d'une teinte, prétendant représenter *l'habitat d'hiver* des phoques sur la côte de Colombie britannique. Nous pouvons donc admettre que l'exactitude de cette carte, en tant qu'elle indique les routes suivies, a été reconnue par les deux parties. Les témoignages des pêcheurs Aléoutes et des habitants des îles et de la côte, sur lesquels se sont appuyés les commissaires britanniques pour établir la dite carte, paraissent, du reste, être tout à fait concluants et certains.

Voici, brièvement résumé, l'ensemble des faits nettement établis et que personne ne conteste.

Les phoques à fourrure, après avoir quitté les îles Pribilof, du milieu d'octobre au commencement de décembre, se dirigent vers les îles Aléoutiennes où les Indiens les voient en grandes quantités et leur donnent la chasse. Ils passent surtout dans les canaux connus sous le nom de Unalga, Akutan, Unimak et Issanak. Ils ne se rencontrent qu'à la suite de coups de vent violents, qui ont pu les faire dériver plus à l'ouest que les îles Atka (à 200 milles de l'extrémité de la presqu'île), et jamais on n'en a vu un seul à l'extrémité de la chaîne, c'est-à-dire à l'île Attu, qui est la plus occidentale du groupe. En résumé la chaîne ayant un développement de 700 milles depuis l'extrémité de la presqu'île d'Alaska jusqu'à cette île Attu, les phoques la traversent, dans sa partie est, seulement sur 200 milles.

Dès qu'ils ont franchi les passes, ils se dirigent vers l'est sans remonter les côtes de la presqu'île d'Alaska ni s'engager dans le grand golfe qu'on appelle quelquefois golfe d'Alaska, où on n'en voit jamais en cette saison, à Kadiak qui est au fond du golfe, et presque jamais à Sitka. Les observations faites en ces deux points montrent donc, très nettement, qu'après avoir passé les îles, le troupeau navigue presque directement à l'est. Mais à deux degrés de latitude, au sud de Sitka, c'est-à-dire dans les environs de l'île du Prince de Galles, on en prend toujours quelques-uns vers l'époque de Noël. A la même époque ils apparaissent, en plus ou moins grand nombre, de l'île de la Reine Charlotte, dans le détroit d'Hecate, à Vancouver au détroit de Fuca et même un peu plus au sud, vers l'embouchure de la Colombie, c'est-à-dire, en résumé sur toute la côte de la Colombie britannique et sur celle des États-Unis jusqu'à 44° Sud.

Leur route de migration, à partir des Aléoutiennes, pourrait être représentée par un large ruban, occupant près de 5° en latitude, c'est-à-dire 300 milles marins, dont le bord supérieur, au nord, serait indiqué par une ligne allant des îles Aléoutiennes à Dixon-Entrance à peu près, et le bord inférieur, au sud, par une autre ligne allant des mêmes îles au sud de Vancouver.

Les commissaires anglais qui avaient un intérêt évident à faire admettre un habitat pélagique sur la côte de la Colombie britannique ont dessiné cette route comme aboutissant à une aire qui constituerait cet habitat et qui s'étendrait de Sitka au 44° parallèle de latitude nord.

Aucune objection ne fut faite par les Américains à cette manière d'envisager les faits : la présence du troupeau sur la côte de la Colombie britannique pendant toute la durée de l'hiver, ne pouvait du reste, à aucun degré, être contestée.

Au commencement du printemps, l'exode vers le nord commence : mais la route suivie n'est pas la même qu'au voyage d'aller : elle contourne tout le golfe d'Alaska : on voit des phoques à Sitka, en grand nombre, en avril, sur le banc Fairweather, un peu plus tard, vers le 25 juin, à Kadiak, et on n'en voit plus aucun sur la côte à partir du commencement de juillet. Le troupeau se dirige tout entier vers les îles Pribilof, les femelles se déplaçant le plus rapidement. Comme la route vient un peu du nord la chaîne des îles est traversée, non point comme au voyage d'hiver, sur une moitié environ de son étendue, mais par les passages les plus rapprochés de l'extrémité de la presqu'île d'Alaska.

En résumé, les phoques, dans leurs migrations, suivent donc la route générale ci-dessous :

1° Ils partent des îles Pribilof, se dirigent vers les îles Aléoutiennes beaucoup vers l'ouest, font ensuite route directement des îles vers la côte de Colombie, c'est-à-dire à l'est, séjournent sur cette côte pendant l'hiver en s'en écartant plus ou moins ;

reviennent aux îles Aléoutiennes en contournant le golfe d'Alaska, traversent de nouveau, mais très près de la presqu'île, la chaîne Aléoute, et regagnent les îles où ils atterrissent pour la saison de reproduction suivante :

2° Jamais ils ne prennent terre dans ce long voyage sur un point quelconque et ils ne vivent à terre que sur les îles Pribilof.

3° A aucun moment ils ne se mélangent avec leurs congénères des îles du Commandant.

Nous n'aurions rien à ajouter à ce que nous venons· d'exposer de l'histoire naturelle des phoques à fourrure au sujet de leurs mœurs et de leurs habitudes, si une question particulière relative à leur protection n'avait pas été posée aux Arbitres par le traité qui a constitué le Tribunal. On se souvient en effet que, dans l'article VI de ce traité, il est dit (5° point) : Les États-Unis ont-ils quelque droit, et, en cas d'affirmative, quels droits ont-ils, soit à la *protection*, soit à la *propriété* des phoques à fourrure qui fréquentent les îles appartenant aux États-Unis dans la mer de Behring, quand ces phoques se trouvent *en dehors* de la limite ordinaire de trois milles ?

Les renseignements donnés jusqu'ici dans le présent chapitre nous permettront de discuter, au point de vue du droit, la question de *propriété*, puisque nous connaissons les habitudes des phoques pendant leur séjour aux Pribilof, leur habitat, en dehors de ces îles, et que nous savons où les conduisent leurs migrations. Mais ces mêmes renseignements ne nous fournissent aucun élément de discussion pour examiner, comme nous aurons à le faire, le droit de *protection*. Il ne peut être en effet question d'un droit de *protéger* les phoques que s'il est démontré que les circonstances dans lesquelles on les poursuit et les capture, sont telles que l'espèce est menacée, soit d'une destruction complète, soit d'une réelle diminution du nombre des individus, destruction ou diminution pouvant être préjudiciables aux intérêts des États-Unis.

Il est donc nécessaire, pour que nous puissions examiner plus loin, au point de vue du droit, ce point particulier de la *protection* (qui est un de ceux que nous devons étudier dans cette thèse) que nous fassions connaître avec quelques détails toutes les conditions se rapportant à la pêche des phoques.

Ce sont ces conditions que nous relatons ci-dessous.

Nous avons fait connaître les difficultés qu'on éprouve à se faire une opinion certaine, relativement aux mœurs des phoques à fourrure, pendant leur séjour à la mer, difficultés résultant du fait que les seuls renseignements sur lesquels on peut se baser sont ceux recueillis près des pêcheurs et des marins qui n'enregistrent que très imparfaitement leurs observations et seulement dans leur mémoire et qui sont peu préparés à déduire une loi générale de ces observations mêmes. Mais nous avons vu également que, grâce à certaines circonstances favorables, il était cependant possible d'arriver à une connaissance suffisamment exacte et précise des conditions d'existence des phoques pendant leur séjour *hors* des îles Pribilof.

Il n'en est plus de même quand on cherche à connaître l'influence que peuvent avoir les méthodes employées pour capturer les phoques relativement à la destruction totale ou à la diminution du troupeau.

Ici, les seuls éléments de discussion que nous possédons sont les résultats des enquêtes faites en 1891 par les commissaires anglais et américains pendant leur séjour dans la mer de Behring, car jamais la question n'avait été étudiée auparavant. Or ces résultats sont diamétralement différents et ne concordent, pour ainsi dire, en aucun point. Chaque partie prétend cependant, les baser sur des témoignages qu'elle considère comme entièrement probants et irréfutables, de sorte qu'il est facile de comprendre dans quel embarras on se trouve pour arriver à une conclusion présentant quelque caractère de certitude (1).

---

1. Les conseils américains ont vivement reproché aux commissaires britanniques, l'attitude qu'ils ont prise dans leur enquête ; et il est ntéressant de citer quelques passages de leur plaidoyer pour mon-

Nous exposerons, tout d'abord sans les discuter, les faits que les commissaires des deux gouvernements considèrent comme établis d'après les résultats de leur enquête.

---

trer combien leurs critiques ont pris, parfois, un caractère agressif, et peu mesuré dans une affaire qui se traitait diplomatiquement.

« Les commissaires britanniques se sont contentés, la plupart du « temps, de présenter de nombreuses affirmations de leur propre chef, « manifestement fondées, en grande partie, sur de simples conjectures « et où on relève, à un degré singulier, les marques évidentes de leur « prévention contre une des parties et de leur faveur pour l'autre. Le « parti pris trop évident, dont ils ont fait preuve, doit, aux yeux de « toute personne impartiale, enlever à leur conclusion, toute force « probante ». Page 282.

« La justesse de cette critique générale, dirigée par les conseils des « États-Unis, contre le travail des commissaires anglais, apparaîtra après « l'examen attentif et détaillé de leurs travaux. L'adoption de cette « manière de procéder est d'autant plus regrettable que le gouver- « nement de Sa Majesté avait évidemment l'intention de faire faire « tout autrement l'enquête par ses agents. Ce gouvernement, en effet, « n'a pas hésité à manifester son désir de voir les *faits réels* rapportés « et l'investigation conduite dans un esprit de parfaite impartialité. « Il est certain qu'on leur recommandait, en termes précis, d'apporter « un grand soin à l'examen des témoignages produits devant eux. Voir « les instructions aux commissaires britanniques. »

« Il paraît manifeste que les commissaires britanniques ont cru « devoir dans leur mémoire particulier, plaider avec zèle la défense de « la chasse pélagique et qu'ils ont été ainsi inspirés dans leurs recher- « ches et dans l'établissement de leurs déductions par un désir si évi- « dent de protéger les intérêts supposés de leurs compatriotes, qu'ils « en sont arrivés à des conclusions extraordinaires. » Page 289.

« Pour être juste à leur égard (à l'égard des commissaires britanniques)

Résultats de l'enquête anglaise. — Les commissaires britanniques ont consigné le résultat de leurs travaux dans le mémoire intitulé « Rapport de la commission de la Mer de Behring » dont nous avons parlé. Ce mémoire est rédigé, comme beaucoup d'ouvrages anglais du même genre du reste, avec une telle absence de méthode et une telle confusion dans la présentation des faits, qu'on éprouve beaucoup de peine, même après un travail attentif, à se rendre compte des conclusions des auteurs.

Voici celles qui peuvent se dégager, d'une part, de leurs observations faites aux îles Pribilof, et d'autre

----

« il nous faut citer un passage de leur rapport qui établit d'une façon
« charmante, avec quelle complaisance et quelle assurance, ils violent
« sans hésiter, à l'avantage de leur théorie, les lois de la nature et les
« mystères de l'évolution à venir. Si cet extrait ne donne pas une haute
« idée de l'imagination féconde de ces honorables fonctionnaires, il ne
« faudra rien moins qu'une étude attentive de leur rapport pour leur
« faire rendre l'hommage qui leur est dû ». . . . .

« De tels outrages au sens commun ne sont, évidemment, que des
« divagations sans portée » . . . .

« Et comment peut-on raisonnablement parler de la probabilité
« qu'ils (les phoques) puissent, plus tard, différer de ce qu'ils sont au-
« jourd'hui alors que tout cela ne repose que sur des hypothèses aussi
« grotesques que hardies ». . . . .

On pourrait multiplier les citations de ce genre : celles-ci suffiront pour montrer combien furent acerbes les critiques des conseils des États-Unis relativement à l'attitude prise par les auteurs de l'enquête anglaise.

part de leur enquête faite auprès des marins qui se livrent à la pêche pélagique des phoques.

1° Observations faites aux îles Pribilof : Les commissaires britanniques ont séjourné à trois reprises, pendant quelques journées chaque fois, aux îles Saint-Paul et Saint-Georges, au cours de leur croisière dans la mer de Behring du 15 juillet au 8 octobre 1891.

Ils ont d'abord recueilli, et ils donnent, soit dans un résumé, soit dans des tableaux *ad hoc*, une statistique du nombre des phoques abattus sur les îles de 1787 à 1890.

Ces nombres sont les suivants :
De 1787 à 1806, 50.000 annuellement en moyenne
De 1807 à 1816, 47.000   —   —
De 1817 à 1866, 25.000   —   —

Ce qui donnerait, en quatre-vingts années, une moyenne annuelle de 34.000.

En 1867, au moment de la cession de l'Alaska, le nombre des peaux qu'on se procurait aux Pribilof s'élève brusquement à 75.000, et, en 1868 à 240.000 ; puis jusqu'à la fin du bail consenti à la Compagnie américaine le chiffre reste fixé à 100.000 ; en même temps un contrôle sérieux s'organise pour qu'on se borne à abattre seulement les mâles habitant les « hauling grounds » et non encore en état de se reproduire sur les « rookeries ».

Les commissaires britanniques ont observé pendant leurs différents séjours aux Pribilof, la méthode employée pour « conduire » les phoques mâles qui doivent être sacrifiés, depuis la « rookerie » jusqu'à l'abattoir « Killing ground ».

Cette méthode est la suivante, et elle ne diffère pas, en principe, de celle suivie par les Russes pendant leur occupation de l'Alaska.

Les jeunes mâles (bachelors ou célibataires) sont, ainsi que nous l'avons vu, en général, rassemblés, à part des « bulls » des femelles et des jeunes de l'année, sur les « hauling grounds ». Un certain nombre sont entourés chaque jour par les Indiens, et « conduits » à un emplacement choisi, où les animaux qui doivent être abattus sont assommés, tandis que ceux qui n'ont pas l'âge ou la taille voulus, sont laissés libres de retourner sur les « hauling grounds ».

Le troupeau est « conduit » aussi lentement que possible ; on ne dépasse jamais un demi-kilomètre à l'heure ; on l'arrête à des intervalles convenables et toutes les fois que le soleil se montre trop longtemps. La saison de l'abatage dure de trente à quarante jours, et on prend les plus grandes précautions pour ne pas troubler les phoques qui restent sur les « hauling grounds » en séparant ceux qui doivent être « conduits ».

Les commissaires britanniques reconnaissent que depuis l'occupation américaine de grands progrès ont été réalisés, et que les distances à parcourir sont beaucoup moins longues qu'auparavant : mais ils remarquent qu'on parvient difficilement à conduire seulement les phoques qui doivent être abattus, et que beaucoup d'autres, femelles ou mâles trop jeunes ou trop vieux, sont « conduits » en même temps. Il en résulte, d'après eux, les inconvénients les plus graves : beaucoup succomberaient sous la fatigue excessive qu'ils éprouvent ou seraient tellement affolés qu'ils ne parviendraient plus à retourner aux « hauling grounds. » Ils ont vu, par eux-mêmes, deux de ces opérations de « conduite » l'une à Saint-Paul, l'autre à Saint-Georges. Les phoques qu'on dut laisser échapper de l'abattoir étaient tellement faibles, qu'ils ne parvenaient pas à s'éloigner et restaient sans mouvement sur le sol (quelquefois, leur a-t-on dit, pendant plusieurs jours). Ils estiment à 100 ou 200 le nombre des phoques se trouvant dans ces conditions après chacune des opérations auxquelles ils ont assisté.

Ils remarquent, de plus, que de nombreux squelettes d'animaux morts sur place bordaient les routes des abattoirs.

Ils citent Elliot dont l'avis est qu'un jeune phoque, « qui a été ainsi exposé à ces terribles épreuves répétées quelquefois pendant plusieurs années de suite, est devenu sans valeur comme mâle reproducteur. »

Un des agents américains leur a dit que, dans son

opinion, tous les jeunes phoques qui ont été « conduits » devraient être tués, car la moitié, au moins, succombent.

Ils supposent, et peut-être en cela, avancent-ils une opinion quelque peu hasardée, qu'aux inconvénients résultant, pour l'organisme physique du phoque, des souffrances qu'il endure, il convient d'ajouter les impressions « mentales » influant sur l'organisation d'un animal naturellement timide et assez intelligent.

Enfin ils remarquent que, depuis qu'on a donné aux concessionnaires l'autorisation d'abattre cent mille phoques par an, alors que leur nombre a beaucoup diminué sur les « rookeries », il a fallu « conduire » aux abattoirs des phoques de plus en plus nombreux afin de pouvoir exercer un choix suffisant pour se procurer le nombre de peaux voulu, ce qui a augmenté, dans de grandes proportions, les inconvénients signalés.

Il est aussi question, dans le mémoire anglais, des observations faites relativement au nombre considérable de « veaux » trouvés morts sur certaines rookeries en 1891. Les commissaires recherchent longuement la raison de cette mortalité ; ils en donnent de nombreuses raisons, très diverses, qui sont surtout des hypothèses, et finissent par admettre que « probablement » les jeunes sont morts de faim parce que leur mère, « conduite » aux abattoirs et relâchée, les a abandonnés. Ils ne donnent, du reste, aucune preuve quelconque de cette assertion.

Les commissaires britanniques, consacrent un très long chapitre de leur Mémoire, aux inconvénients résultant, pour la préservation des phoques sur les îles, des incursions des braconniers qui débarquent dans les « rookeries » malgré la surveillance des agents et des croiseurs américains. Ils citent l'opinion d'un grand nombre de personnes qui estiment que ces « raids » sont très fréquents et particulièrement désastreux, non seulement à cause du nombre considérable de phoques qui sont tués, sans distinction d'âge ni de sexe, mais aussi à cause du trouble qu'apportent sur les « plages d'élevage » les incursions des braconniers qui y débarquent. Nous avons eu la curiosité de relever, dans l'exposé des commissaires à ce sujet, exposé qui va de 1870 à 1891, les noms des navires surpris dans leurs « raids » et capturés par les autorités des îles.

Nous en trouvons onze en vingt et un ans. Il est vrai que les commissaires admettent, comme un fait absolument certain, que la plupart échappent aux poursuites des croiseurs des États-Unis.

2° Renseignements fournis aux commissaires britanniques par les marins se livrant à la pêche pélagique.— Pendant la durée de leur croisière, les commissaires britanniques ont fait, à bord du navire qui les transportait, quelques observations directes, mais très imparfaites et très fragmentaires, comme bien on pense, sur les résultats de la pêche pélagique. Leur mémoire en fait à peine mention, et, en résumé, les faits cités par eux sont en totalité ceux que leur ont exposés les nombreux témoins qu'ils ont entendus au cours de leur enquête.

Il est très important de remarquer, avant de résumer ces dépositions, que tous les témoins entendus, sans exception, se livraient à la pêche pélagique, vivaient de cette industrie ou y étaient intéressés ; qu'ils devaient se sentir menacés, dans leurs intérêts les plus essentiels, par toute réglementation et qu'aucun n'ignorait que l'enquête était poursuivie, précisément dans le but d'établir une réglementation, s'il venait à être démontré, que la prise des phoques en pleine mer, conduisait à la rapide extinction de l'espèce : ce qui revient à dire, en dernière analyse, que les hommes dont on recueillait le témoignage, devaient être plutôt disposés à croire et à soutenir, que la pêche pélagique ne présentait, en réalité, aucun inconvénient sérieux.

Cette pêche se pratique de la façon suivante :

Des petit navires à voiles dont l'équipage est composé de blancs et d'indiens partent, vers le mois d'avril, des différents ports des côtes américaine et anglaise. Leur tonnage varie de 40 à 150 tonneaux ; ils sont, en général, mâtés en schooners. Chacun porte un plus ou moins grand nombre de canots légers marchant à l'aviron (parfois jusqu'à sept). Dès qu'ils arrivent sur les lieux de pêche et que les phoques sont signalés, les canots sont amenés à la mer; les hommes qui les montent, les conduisent le plus silencieusement possible, jusqu'à les amener à petite distance des phoques. Ceux-ci reçoivent la dénomination, qui s'explique d'elle-même, de « dormeurs » ou de « voyageurs » suivant, qu'ils sont, ou non, en mouvement sur la surface de l'eau. Arrivé à bonne portée, un des pêcheurs, qui se tient à l'avant, armé d'un fusil de chasse, fait feu et le canot est rapidement conduit près du phoque, qui, s'il est atteint mortellement, reste sur l'eau ou coule doucement. On s'en saisit, à l'aide d'une longue gaffe dont chaque canot est muni; le phoque est hissé à bord de l'embarcation, et apporté au schooner qui est resté en panne, à petite distance sous le vent (1). Là il est dépecé et la peau mise dans le sel.

Les navires de pêche qui, comme nous l'avons dit, quittent en général le port en avril, font d'abord une courte croisière les conduisant souvent au sud, jusque près des côtes de Californie; puis ils remontent vers le nord en suivant le troupeau des phoques

---

1. Cette méthode remplace celle que pratiquaient depuis un temps immémorial les Indiens du continent et des îles, avant qu'ils connussent les armes à feu en poursuivant les phoques dans leurs pirogues t en les capturant à l'aide d'une lance.

dans ses migrations le long de la côte nord-ouest, et pénètrent par les passes des îles Aléoutiennes dans la mer de Behring, vers le commencement de juin : ils restent dans cette mer jusqu'en septembre, et retournent à leur port d'attache où sont débarquées leurs cargaisons de peaux préparées pour l'expédition en Europe.

Le premier navire qui paraît avoir chassé le phoque en mer, à l'aide d'armes à feu, était un schooner de la Colombie britannique armé en 1866. Il fut peu de temps après suivi par d'autres. Les commissaires britanniques donnent une statistique exacte des armements en ce qui concerne les navires anglais. Le nombre de ces navires est rapidemment passé de 3 en 1874, à 50, en 1891. (Le premier schooner signalé comme étant entré dans la mer de Behring y pénètre en 1884). En 1886, dix-huit suivirent son exemple, et les États-Unis commencèrent les saisies. En 1892 à la suite du « *modus videndi* » interdisant les croisières, peu de navires passèrent au nord de la presqu'île d'Alaska. La statistique n'a pas pu être aussi exactement établie en ce qui concerne les navires américains : mais on n'est pas loin de la vérité en admettant qu'ils furent de tout temps à peu près aussi nombreux que ceux armés dans les ports de la Colombie britannique.

Une longue enquête fut poursuivie par les commissaires anglais, au sujet du nombre des phoques atteints par les coups de feu, et blessés ou tués mais coulant à pic et échappant aux pêcheurs. Les commissaires britanniques citent d'abord les chiffres des officiers et employés des États-Unis qui firent des recherches particulières sur ce point. D'après les rapports officiels de ces agents la perte varierait entre 40 et 60 pour cent ; mais les commissaires prétendent que ces chiffres sont donnés d'après une légende qui s'est établie, on ne sait pourquoi, sur la côte nord-ouest. Pour prouver qu'il en est bien ainsi, ils rapportent les témoignages de vingt et un pêcheurs qui estiment que la perte varie entre 2 et 10 pour cent, pour les chasseurs blancs, et est à peu près nulle avec les chasseurs indiens. On ne peut s'empêcher, en lisant ces témoignages, d'être frappé du fait que neuf pêcheurs sur vingt et un donnent le même chiffre, exactement 6 pour cent et paraissent, ainsi, s'être à quelque degré, concertés à l'avance.

L'enquête a porté ensuite sur le fait le plus important de tous ceux qu'on avait à envisager. Prend-on beaucoup de femelles à la mer ? On comprend quel intérêt avaient les deux parties à préciser ce point de la controverse, puisque la plupart des femelles remontant aux îles Pribilof sont pleines et que celles capturées dans la mer de Behring elle-même, sont ou peuvent être nourrices.

Les commissaires britanniques ont interrogé vingt

pêcheurs et plusieurs associations ou groupements de personnes intéressées dans la pêche pélagique. Tout le monde est d'accord pour reconnaître que les femelles se prennent en beaucoup plus grand nombre et surtout beaucoup plus facilement sur la côte nord-ouest où elles voyagent tranquillement, alors, qu'au contraire, dès qu'elles pénètrent dans la mer de Behring, elles se hâtent d'atteindre les îles Pribilof où les rappelle leur instinct.

Les proportions de femelles capturées, relativement aux mâles, sur la côte nord-ouest, varient beaucoup suivant les témoins. En donnant le chiffre de la moitié de femelles, on résume le mieux possible l'ensemble de toutes les dépositions. Pour la mer de Behring cette proportion diminuerait d'une façon extraordinaire. Quelques pêcheurs donnent, comme maximum, 15 pour cent, mais beaucoup affirment qu'ils ne prennent, pour ainsi dire, jamais de femelles dans cette mer où cependant, ils déclarent pêcher parfois à petite distance des îles Pribilof.

Nous ajouterons, la constatation étant intéressante et ayant été relevée dans le contre-mémoire des États-Unis, que les commissaires britanniques, reconnaissent comme « n'étant pas tout à fait exemptes d'intérêt personnel » les dépositions faites, sous serment, par les pêcheurs canadiens.

Résultats de l'enquête américaine.

Les renseignements qu'on trouve dans les documents américains relativement à la méthode employée pour la pêche pélagique, et à la statistique des armements pour cette pêche, sont, en substance, les mêmes que ceux qui sont donnés par les commissaires britanniques. Les différences quand il y en a sont insignifiantes, et, en tous cas, sans importance pour le sujet qui nous occupe.

Il n'en est plus de même, ni des inconvénients résultant de la conduite aux abattoirs des mâles à sacrifier, ni du résultat des « raids » ni surtout du nombre des phoques perdus à la mer et du nombre des femelles pleines ou nourrices prises sur la côte nord-ouest et dans la mer de Behring.

Au sujet des inconvénients prétendus de la marche excessive, les commissaires américains font remarquer que lorsqu'un groupe habitant un « hauling ground » a été conduit aux abattoirs, ce groupe reste toujours plusieurs jours au repos et que les phoques qu'on a laissé échapper des abattoirs, comme ne remplissant pas les conditions voulues pour être sacrifiés, retournant toujours au même « hauling ground » ont plusieurs jours pour se reposer et retrouver des forces avant d'avoir à endurer les fatigues d'une nouvelle marche. On s'arrange du reste pour que les abattoirs soient aussi rapprochés que possible et de la mer et des « hauling grounds », tout en évitant que l'odeur des animaux abattus puisse incommoder les phoques reproducteurs.

Les dispositions prises par la Compagnie concessionnaire sont telles que jamais un phoque ne peut avoir à parcourir plus de trois kilomètres. La saison de l'abatage est ainsi réduite à quarante jours.

Les commissaires discutent aussi la question des razzias ou « raids ». Ils estiment que de telles incursions ne peuvent, pour ainsi dire, pas produire de résultats aux îles Pribilof où la surveillance est exercée par les fonctionnaires du gouvernement et de la Compagnie. D'après les documents officiels conservés dans les archives de la trésorerie du gouvernement américain, il ne se serait produit que seize incursions en vingt ans, et les prises, en tous cas, n'ont pu, s minime était leur importance, influencer en rien la composition du troupeau.

Relativement au nombre des phoques perdus, les Américains font remarquer que beaucoup de phoques doivent être plus ou moins blessés, sans rester sur le coup, à cause de l'incertitude du tir dans un très petit canot fortement secoué par la houle. Ils citent ensuite les témoignages des pêcheurs qu'ils ont recueillis et qui estiment aux deux tiers, environ, la proportion des phoques tués et coulant à fond avant qu'on ait pu les harponner.

En ce qui concerne la pêche pélagique, les commissaires américains ont interrogé quarante-quatre pêcheurs en leur posant la question suivante : quelle est la proportion de femelles prises à la mer ?

2° Ces femelles sont-elles pleines ou nourrices ?

3° En ce qui a trait à la pêche dans la mer de Behring même, à quelle distance des îles Pribilof rencontre-t-on et capture-t-on des femelles ?

En faisant une moyenne aussi exacte que possible des réponses enregistrées, on arrive aux chiffres suivants : 80 0/0, au moins, des phoques qu'on prend au large sont des femelles : Le plus grand nombre, presque la totalité de celles qu'on prend au large sont des femelles pleines sur la côte nord-ouest, et nourrices dans la mer de Behring. Les femelles sont souvent rencontrées et tuées, à 100 milles des îles Pribilof, et, quelquefois à 200 milles. Ces chiffres si prodigieusement différents de ceux donnés par les commissaires anglais méritent-ils plus de créance ? *A priori*, et étant donné ce que nous connaissons d'une façon à peu près certaine des mœurs des phoques à fourrure à terre et de leurs migrations, on doit estimer qu'ils (ces chiffres) sont, tout au moins, plus probablement exacts. Nous ajouterons que quand on lit, dans le texte lui-même, les dépositions des témoins recueillis par les commissaires anglais, et surtout les commentaires dont ils les accompagnent, on ne peut s'empêcher d'être frappé des nombreuses et parfois singulières réticences qui sont présentées avec les faits eux-mêmes ; et aussi on ne peut s'empêcher de remarquer la forme dubitative de certaines assertions. Il serait cependant, et malgré ces remarques, assez difficile de se faire une opinion raisonnée et présentant quelque degré de certitude, s'il n'existait pas, dans les documents américains, deux ordres de preuves, autrement certaines, les unes parce qu'elles nous sont fournies par des témoins qui ne paraissent pas intéressés à soutenir une thèse plutôt que la thèse contraire, les autres parce qu'elles résultent d'observations directes et positives, faites dans le but même d'arriver à une connaissance exacte des faits.

Dans la première catégorie de ces preuves nous rangeons les avis donnés par les directeurs de sept grandes maisons des fourrures de Londres qui ont été interrogés et dont nous croyons utile de citer les dépositions :

Sir G. C. Lampron, chef d'une des maisons anglaises les plus importantes, dépose que « les peaux « d'animaux provenant de la pêche nord-ouest sont « pour la plupart des peaux de femelles. »

M. Bevington estime à 80 0/0 la proportion des peaux de femelles capturées dans la pêche sur la côte nord-ouest, et ajoute, qu'avant de déposer, il vient d'examiner spécialement deux importants lots de peaux, actuellement déposés dans ses magasins.

M. C. W. Martin, chef de la maison anglaise la

plus importante, fixe à 75 ou 80 0/0 la proportion des peaux de femelles prises dans « la pèche pélagique. »

M. Teichman dit « que la majorité des peaux de phoques adultes provenant du nord-ouest sont des peaux de femelles ».

M. Henry Poland dit « qu'une grande proportion de phoques adultes provenant du nord-ouest, sont, sans le moindre doute, celles de femelles. »

M. G. Rice qui, pendant vingt-sept ans, a été employé à l'apprètage et à la teinture des peaux dans la cité de Londres, et qui a eu entre les mains une grande quantité de peaux de provenance nord-ouest, dit « de 85 à 90 0/0 des peaux provenant du nord-ouest sont celles de phoques femelles ».

M. W. C. B. Stamp qui, pendant trente ans, a fait à Londres le commerce des fourrures, évalue la proportion des femelles comprises parmi les animaux capturés par les navires de chasse « à au moins 75 0/0 et probablement davantage. »

Enfin M. Herman Liebes, qui est le plus important acheteur de peaux importées à Victoria, ayant demandé à des capitaines pêcheurs de lui procurer des peaux de phoques mâles pris à la mer, ceux-ci lui ont répondu qu'ils y parviendraient avec peine, parce que les mâles étaient rares, et que, beaucoup plus agiles que les femelles alourdies par la gestation, ils leur échappaient le plus souvent.

Parmi les autres catégories de preuves résultant d'observations ou de constatations directes, nous citerons les suivantes:

M. Hooper, capitaine des douanes des États-Unis, s'est livré à des observations systématiques: il a capturé, dans la mer de Behring, 41 phoques dont 30 étaient des femelles : la proportion est de 73 0/0. *Toutes* étaient nourrices. Le capitaine Hooper était accompagné, dans la croisière, par M. Towsend, naturaliste connu, qui confirme ses assertions.

M. Mc Manus, correspondant de journal, embarqué à bord du schooner « Otto » a pris note des captures faites pendant la durée de la croisière et a constaté que les trois quarts des phoques capturés étaient des femelles, presque toutes ayant du lait. Il en a vu pêcher à 200 milles des « rookeries » des Pribilof.

Sur des lots de peaux de phoques pris en mer et examinés à New-York et à San-Francisco, par des agents du gouvernement des États-Unis et se montant, au total à 5800 peaux, on a trouvé : 3958 peaux de femelles adultes, 576 peaux de mâles et le reste (1266) peaux d'individus trop jeunes pour qu'on ait pu distinguer le sexe. La proportion des femelles adultes aux mâles était donc de 70 0/0 environ.

Les rapports officiels sur les Pêcheries, publiés par le gouvernement du Canada pour les années 1886, 1887, 1888, ne donnent pas les chiffres eux-mêmes ;

mais, d'après ces documents le rapport du nombre des femelles, à la capture totale serait aussi de 70 0/0.

Une proportion encore plus élevée ressort de l'examen des peaux de phoques saisies à bord des bateaux anglais capturés par les croiseurs des États-Unis à partir de 1886. 12.000 peaux ont été examinées et la proportion des femelles a varié entre 75 et 90 0/0 : ces phoques avaient *tous* été pris dans la mer de Behring. Le capitaine L-G. Sheperd, de la douane des États-Unis, qui saisit, en 1887, plusieurs de ces navires dans la mer de Behring, déclare avoir vu le lait coulant des cadavres des femelles rencontrées et tuées à plus de 100 *milles* des Pribilof.

Que faut-il admettre, comme démontré, d'après le résultat de ces deux enquêtes dont les conclusions diffèrent si essentiellement sur les points réellement importants ?

Étant donné, d'une part, ce que nous connaissons des mœurs des phoques aux Pribilof, et à la mer, mœurs au sujet desquelles les commissaires des deux gouvernements sont, en résumé, à peu près d'accord, et d'autre part, ce que nous venons de dire, en dernier lieu de faits précis, constatés, sans que l'intérêt personnel des intéressés ait pu les dénaturer, par les commissaires américains, il nous semble qu'on doit admettre :

1° Qu'on prend, à la mer, une très grande quantité de femelles.

2° Que ces femelles sont, en général, pleines quand elles sont capturées sur la côte nord-ouest, et nourrices quand elles sont prises dans la mer de Behring.

3° Qu'on prend des femelles, pendant l'été, à cent milles au moins des îles Pribilof.

Nous nous appuierons sur ce que nous avons établi relativement aux mœurs des phoques sur les îles et à leurs migrations, quand nous aurons à étudier, au point de vue du droit, les questions relatives à la *propriété* des phoques.

De même, nous nous appuierons sur les conclusions que nous venons de présenter relativement à la pêche pélagique, lorsque nous étudierons, au point de vue du droit, les questions relatives à la *protection* du troupeau de phoques des Pribilof.

DEUXIÈME PARTIE

DEUXIÈME PARTIE

Le lecteur est maintenant au courant de la cause
juridique elle-même, telle qu'elle a été soumise au
Tribunal d'Arbitrage, des faits historiques à la suite
desquels les États-Unis d'Amérique sont devenus
Puissance souveraine du territoire de l'Alaska et des
mœurs toutes spéciales des phoques à fourrure : nous
pouvons, par conséquent, entreprendre l'examen des
questions de droit qui furent posées devant les Arbitres par les deux parties, examen qui est, en résumé,
le sujet de cette thèse.

Nous avons exposé dans le chapitre I les raisons
pour lesquelles les négociateurs du Traité d'arbitrage de 1892 avaient adopté, pour les cinq premières questions à poser au Tribunal le texte qui a été
choisi et fait remarquer, qu'en dernière analyse, ces
cinq questions pouvaient se ramener aux deux propositions suivantes :

1° La Russie a-t-elle exercé, avec le consentement de la Grande-Bretagne, une juridiction exclusive sur la mer de Behring et des droits exclusifs
sur les pêcheries de phoques dans cette mer.

2° Les États-Unis ont-ils quelque droit, soit à la propriété soit à la protection des phoques à fourrure qui fréquentent les îles leur appartenant dans la mer de Behring.

On se rend aisément compte que cette réunion en deux propositions plus simplement rédigées, des cinq questions posées au Tribunal ne peut avoir aucun inconvénient pour l'examen au point de vue du droit, si l'on veut bien observer : que dès le début l'Angleterre n'a soulevé aucune discussion sur le fait que le traité de vente de l'Alaska comportait sans aucun doute possible, la cession aux États-Unis de tous les droits de la Russie, ce qui supprime la qua-trième question tout entière : et, d'autre part, que comme elle reconnut aussi n'être jamais intervenue dans l'occupation de l'Alaska jusqu'au traité de 1825 (qu'elle conclut après la promulgation de l'ukase de 1821), la question de savoir si un droit de juri-diction et de protection appartenant à la Russie avait jamais été contestée par le cabinet de Londres, reve-nait, en somme, à celle de l'interprétation des ter-mes du Traité de 1825.

Nous pouvons donc ne pas laisser la forme qu'elles ont dans le Traité d'arbitrage aux cinq premières ques-tions, ce qui en compliquerait beaucoup l'examen ; et, quoique les Arbitres liés par les textes aient dû rendre une sentence sur chacune d'elles séparément, les envisager comme formant les deux propositions que nous avons adoptées.

Du reste, les conseils des deux parties ont dû remarquer, dès le début, que la discussion séparée entraînerait des répétitions incessantes très nuisibles à la clarté de l'exposition, car nous les voyons adopter la méthode d'examen que nous adopterons nousmêmes. Ainsi les conseils américains, dans leur plaidoyer, réunissent les quatre premières questions dans un seul chapitre intitulé : « Les Droits de Juridiction ». Les conseils anglais, sans tenir compte des textes des questions elles-mêmes, divisent leur « Argument » en trois chapitres : Usage des eaux de la Mer de Behring : Ukase de 1821 et Traités de 1824 et de 1825 : Dénominaton de la Mer de Behring comme faisant partie de l'Océan Pacifique. Le Sénateur Morgan et le Juge Harlan, auteurs de Mémoires remis au Tribunal, ne séparent pas ou séparent imparfaitement, et fort rarement, les quatre premières questions, et, enfin, dans le Mémoire des États-Unis elles ne sont pas séparées du tout.

Nous intitulerons donc les deux derniers chapitres de cette thèse où sont examinées les questions de droit :

Droits de Juridiction de la Russie sur la mer de Behring ;

Propriété et protection du troupeau de phoques à fourrure des îles Pribilof.

CHAPITRE IV

Droits de Juridiction de la Russie sur la mer de Behring.

Il suffit de jeter un coup d'œil sur les nombreux documents soumis au Tribunal pour constater que les deux parties se placèrent toujours, pour soutenir leurs prétentions à deux points de vue entièrement différents. Les Américains n'attachaient en réalité que peu d'importance à la question des droits de Juridiction acquis par la Russie et cédés par elle aux États-Unis et considéraient que toute la question se bornait à savoir si les États-Unis avaient, ou non, un droit de propriété sur les phoques à fourrure : tandis que, au contraire, les Anglais tenaient surtout à faire établir que la Russie n'avait exercé aucun droit exclusif sur les pêcheries de la mer de Behring, ou que, du moins l'Angleterre n'avait jamais reconnu ce droit (1). La

---

1. On peut citer quelques passages des documents établissant bien nettement que telle fut, pendant le cours des débats, l'attitude des

controverse ne pouvait guère se baser sur autre chose que sur l'examen approfondi de textes ou documents ayant le caractère de Règlements ou de Lois promulgués par la Russie depuis le xviii° siècle. Aucune des parties, en effet, ne mit en cause

---

deux parties. M. Carter, avocat des États-Unis, dans son plaidoyer imprimé, après avoir cité, ensemble, les quatre premières questions, écrit : « Le but du résumé précédent des points principaux cités dans les discussions diplomatiques antérieures au traité d'arbitrage est de montrer que les deux raisons principales sur lesquelles, dès le début, les États-Unis on tappuyé leurs prétentions, étaient les droits de propriété et les droits industriels de cette nation... Si les soussignés étaient d'avis que la question (de la juridiction) est une de celles dont dépend réellement l'une quelconque des revendications des États-Unis, ils estimeraient de leur devoir de présenter d'autres arguments donnant plus de force au plaidoyer de M. Blaine. Mais ils préfèrent de beaucoup placer la cause des États-Unis sur sa base réelle et primitive (celle de la protection).

Dans le mémoire des États-Unis l'examen de la question de juridiction occupe 70 pages de document ; les 220 pages restantes sont consacrées à l'étude des mœurs des phoques et au droit de propriété.

Dans leur contre-mémoire on lit : La différence entre le droit de juridiction générale et exclusive sur la mer de Behring et le droit de préserver les phoques de l'extermination est grande et évidente. Pour montrer que le dernier et non le premier de ces droits font l'objet de la question principale portée devant le Tribunal d'Arbitrage, l'avocat des États-Unis juge utile de lui exposer, clairement, quelques faits importants.

D'autre part, et au contraire dans le Livre bleu présenté au goule droit primordial, exercé par la Russie, en prenant possession des terres, reconnues pour la première fois, dans les parages de la mer de Behring, par ses marins.

Nous avons bien vu, il est vrai (note *supra*) que sans être contesté réellement, ce droit de souveraineté ne paraissait pas absolument indiscutable aux hommes d'État britanniques ; mais les conseils anglais s'inclinèrent devant le fait accompli : et il eût été difficile qu'il en fût autrement puisque, dans le traité de 1825, la Grande-Bretagne avait formellement reconnu la souveraineté de la Russie par le fait seul que d'accord avec cette puissance, elle fixait les limites du territoire occupé.

De leur côté, les États-Unis n'avaient évidemment aucun intérêt à contester ce droit : et l'auraient-ils désiré, qu'ils eussent été, eux aussi, obligés de reconnaître que, par le traité de 1824, la souveraineté russe avait été formellement admise par eux. Ils se gardèrent bien, par conséquent, de rappeler la note diplomatique de M. Adams, secrétaire d'État en 1829, dans laquelle le cabinet de Washington disait : « les

---

vernement britannique, nous voyons la question de juridiction et de droit exclusif sur les pêcheries prendre une telle importance qu'elle embrasse sept des chapitres du document sur neuf chapitres au total.

« droits de la Russie, dans cette région, se bornent
« à l'occupation de quelques îles au nord du 55° paral-
« lèle de latitude. »

Les deux parties n'éprouvèrent, du reste, sans doute
aucun regret en constatant que des instruments diplomatiques reconnus et acceptés par elles, leur permet-
taient de laisser de côté la question théorique du
droit d'occupation à la suite de découvertes qui, dans
d'autres conditions, et en l'absence de tout traité,
aurait pu être soumise aux délibérations des Arbitres. Et, en effet, ni l'Angleterre, dont la situation
prépondérante dans le monde résulte d'innombrables annexions à la suite de découvertes, ni les États-
Unis qui venaient d'acheter, à beaux deniers comp-
tants, un droit de souveraineté résultant, lui aussi,
d'annexion, n'avaient intérêt à faire examiner une
semblable thèse. On comprend dès lors, que les éminents jurisconsultes qui plaidèrent pour les deux gouvernements n'aient fait aucune allusion à une question qui n'était point posée au Tribunal.

Nous croyons cependant qu'il peut être utile, pour
la suite de ce travail, d'entrer dans quelques détails
sur ce point : et quoique n'ayant pas la prétention
de présenter une étude complète qui demanderait
pour ses développements un ouvrage entier et spécial, nous résumerons, brièvement, quelques considérations à ce sujet.

D'éminents jurisconsultes de toutes les écoles et

de tous les pays ont traité du droit d'occupation et l'ont examiné au point de vue des principes généraux du droit international. On a admis qu'il pouvait y avoir différentes formes de droit d'occupation : accession, usucapion, conquête (1).

Nous n'avons pas l'intention (que notre étude spéciale ne comporterait pas du reste) d'entrer à propos de la prise de possession de l'Alaska dans un examen critique, des différentes théories soutenues par les auteurs. Nous voudrions seulement, en basant nos conclusions sur quelques principes de philosophie et de morale sociale générales, envisager à un point de vue particulier, et pour le sujet que nous traitons, la théorie du droit d'occupation à la suite de découvertes.

Presque tous les juristes qui ont traité cette question ont remarqué qu'il convenait d'établir une différence, au point de vue du droit, entre les faits historiques qui ont précédé la découverte de l'Amérique et ceux qui l'ont suivie ; et cette manière de voir paraît justifiée si l'on remarque qu'avant le xv siècle, aucune notion relative au droit international, ne paraît avoir existé, nettement conçue, dans la

---

1. Vahol : Bynkevshoek ; G. F. de Martens ; Marshall Westlake, Fiore ; Calvo ; Travers Twiss, et les auteurs français modernes ; on pourrait du reste également citer Locke, Voltaire, Marmontel, Rousseau et actuellement, les théoriciens de l'école darwiniste.

mentalité humaine : la seule régle fixant le droit d'occupation, reconnue pratiquement, était celle de la conquête violente, se justifiant elle-même par son application.

A partir de cette époque les conquérants espagnols et portugais basèrent, sans scrupule, leur droit d'annexion des immenses régions qu'ils occupèrent sur les théories religieuses, ayant cours en Europe, et, hardiment, admirent que l'assujettissement des indigènes donnant, comme résultat leur conversion au christianisme, leur était imposé par un principe supérieur représentant la vérité absolue, donc, à quelque degré, dans l'esprit des conquérants, fondé en droit.

Insensiblement, à mesure que la « vérité absolue » du christianisme fut de plus en plus discutée on remplaça ce principe par un autre, tout aussi théorique du reste, celui de la supériorité de la civilisation et du droit que le civilisé pouvait avoir d'imposer une organisation sociale plus parfaite à des groupes ethniques restés à l'état de barbarie relative. On admettait et on admet encore, qu'en agissant ainsi on crée chez les peuplades conquises une civilisation de laquelle résulte pour la collectivité « une plus grande somme de bonheur ».

Ce raisonnement est-il fondé en droit et les nations européennes ont-elles des motifs légitimes et indiscutables de l'appliquer dans les faits ?

C'est ce qu'il convient d'examiner.

Si on laisse de côté toute espèce de considération positive et pratique, pour s'en tenir au droit naturel et absolu que chaque être humain a de choisir les lois, quelque mauvaises qu'elles puissent être, sous lesquelles il entend vivre, il faut répondre négativement.

Nous ignorons et nous ignorerons sans doute toujours comment se sont constitués, au cours de l'évolution de l'humanité, les groupes qui se sont partagé les parties habitables de notre planète. Que l'organisation sociale de ces groupes dépende de la race, c'est-à-dire de l'organisme humain lui-même, ou du milieu, c'est-à-dire du climat et de la nature ambiante, cette organisation est, dans tous les cas et sans exception, telle que le groupe entend être le maître absolu de l'étendue de terre qu'il habite et que lui ont léguée ses ancêtres, et qu'il n'admet pas que cette terre puisse être habitée par des individus d'un autre groupe, autrement que par un contrat librement consenti. C'est surtout de cette conception de la « propriété nationale » qu'on peut dire, comme le soutient Hautefeuille, « que la notion de ce qui est juste et bon et de ce qui est injuste et mauvais se trouve chez tous les hommes, et que tous les hommes jouissant de la plénitude de leur raison ont cette notion dans leur cœur et l'apportent en naissant. »

Cette conception de la propriété nationale qui est à la base du droit des nations fait, en effet, partie de la mentalité des sauvages comme de celle des civilisés, et les peuplades restées dans un état de développement psychique inférieur, qui les laisse incapables de formuler la théorie d'une façon abstraite, y sont aussi fermement et résolument attachées que les races hautement cultivées qui ont pu en faire un corps de doctrine et l'appuyer sur de nombreux arguments philosophiques et métaphysiques.

Il est donc hors de doute que le fait seul de l'entrée d'un envahisseur européen, sans l'autorisation de l'occupant, dans un pays resté sauvage et qu'il vient de découvrir, constitue la violation d'un droit naturel et imprescriptible. Tous les sophismes qu'on peut inventer, toutes les raisons qu'on peut donner ne sauraient, en théorie, prévaloir contre le principe lui-même : on s'en aperçoit sans preuve et immédiatement lorsqu'on examine les arguments des auteurs qui ont essayé de légitimer, en théorie, l'occupation après la découverte, car on reconnaît, qu'en dernière analyse, les raisons qu'ils donnent sont toutes des raisons politiques : préjugés de patriotisme, nécessité de la concurrence et de la lutte entre nations, traditions historiques, suggestions de l'intérêt national, en un mot raisons d'État.

On doit donc, à notre avis, formellement conclure

qu'en *droit*, jamais le fait de la découverte n'a pu légitimer la souveraineté sur les terres découvertes ni leur occupation par la force.

En est-il de même, si, quittant les régions de la théorie pure, on envisage la question au point de vue concret, en examinant les faits eux-mêmes tels qu'ils se sont produits dans l'histoire ; et n'allons-nous pas nous trouver, comme dans beaucoup de cas analogues, en face d'un problème d'une solution difficile et embarrassante ?

Tout d'abord, puisque le principe mis en avant par les nations modernes pour justifier leur envahissement des terres nouvelles est celui qui résulte de la supériorité de leur civilisation, il conviendrait de nettamment définir ce qu'on entend par ce mot supériorité.

En dernière analyse, à ce qu'il semble, les peuples qui ont une organisation dite inférieure diffèrent des nations dites civilisées, surtout parce que chez eux la sécurité individuelle est moins bien assurée et demeure très précaire. Tantôt cette insécurité résulte des conditions du milieu, guerres plus fréquentes, famines, lutte difficilement soutenue contre les animaux sauvages, tantôt elle résulte de l'organisation sociale du groupe lui-même qui en est resté, à cet égard, au stade représenté plus ou moins exactement dans le monde ancien par l'esclavage. Très généralement les deux causes interviennent à la fois et l'insécurité personnelle, sans être la même pour tous les individus du groupe répartis en castes supérieures et inférieures, reste grande si on la compare à la sécurité presque complète de l'individu dans les sociétés civilisées. Il suffit de parcourir l'histoire des découvertes des peuples européens dans les autres parties du monde, en se bornant à celles de ces découvertes qui remontent au xv⁰ siècle, pour voir combien, à cet égard, les différents groupes ethniques différaient les uns des autres au moment où les races blanches arrivèrent à leur contact.

Il ne serait sans doute pas impossible de généraliser et d'examiner, au point de vue qui nous occupe, la question dans son ensemble en envisageant, à la fois, toutes les découvertes et toutes les époques : Une telle généralisation présenterait, croyons-nous, plus d'inconvénients que d'avantages. En voulant trop embrasser on risquerait fort de rester dans l'imprécision et dans le vague. Il n'est pas rare de voir accumuler, dans la philosophie de l'histoire des raisonnements et des analyses par lesquels, pour avoir voulu trop prouver, on ne prouve rien. Nous préférons choisir deux cas extrèmes et les étudier séparément. Il sera facile, ensuite, d'étendre nos conclusions aux innombrables cas intermédiaires, qui, historiquement, se sont produits. Pour rendre la comparaison complète, il est indispensable que nous choisissions nos deux exemples à la même époque, ce qui nous dispensera de faire intervenir l'élément résultant des modifications que le temps a apporté, avec lui, depuis quatre siècles, dans la mentalité des envahisseurs et dans leur conception du droit. De plus, comme cette conception peut n'avoir pas varié de même chez tous les peuples européens nous comparerons entre elles deux conquêtes entreprises par la même nation que nous emprunterons à notre propre et récente histoire coloniale. Conquêtes de la Cochinchine et du Dahomey.

Pour un de ces deux exemples — conquête de la Cochinchine — nous nous sommes trouvés en face d'une civilisation ancienne, différente de la nôtre, mais pouvant à peine être considérée comme lui étant nettement inférieure : pour l'autre exemple — occupation du Dahomey — nous avons rencontré, au contraire, des tribus restées dans un état de barbarie bien caractérisée, puisqu'elles avaient conservé l'usage des sacrifices humains.

Ce n'est point l'histoire de l'envahissement de ces deux pays que nous avons à retracer, car il importe peu, pour notre sujet, de savoir quels moyens ont été employés pour rendre la lutte inévitable, mais bien le *droit* que nous pouvions avoir, dans les deux cas, de procéder à la conquête et à l'annexion définitive.

Pour la Cochinchine, pays depuis longtemps très

habité, organisé d'après les règles de la plus ancienne civilisation connue, jouissant d'un gouvernement à peu près stable et régulier, il est difficile de prétendre que nous voulions apporter à nos futurs sujets une sécurité individuelle différant beaucoup de celle dont ils jouissaient avant notre attaque : et cela est si vrai que nous n'avons nullement songé à leur imposer nos lois et que nous avons au contraire précieusement conservé, pour eux, presque toute leur organisation antérieure. On doit donc reconnaître, si on laisse de côté tous les raisonnements spécieux qui ont pu être faits pour légitimer notre action, que nous avons purement et simplement fait appel à la force, c'est-à-dire agi contrairement à tout *droit*.

En examinant les faits on peut, sans doute, admettre que nous nous sommes arrangés de façon à légitimer plus ou moins l'attaque ; mais si, à quelque degré, une répression s'imposait, il est impossible de trouver aucun motif plausible pour une occupation définitive.

Dans le deuxième cas, au contraire occupation du Dahomey, au moment de notre intervention, l'organisation sociale du pays comportait légalement la mise à mort des « captifs » et les lois faisaient un devoir strict aux chefs militaires d'entreprendre des expéditions pour se procurer des victimes. Personne ne songeait à contester la légitimité des sacrifices humains, et non seulement le droit, mais le devoir légal du pouvoir exécutif était de les ordonner, dans des circonstances déterminées et d'après des règles précises qu'il était interdit d'enfreindre. Les faits, du reste, étaient connus, bien et dûment établis et de nombreux Européens les avaient constatés de visu.

Dans ces conditions, n'était-il pas possible d'assimiler la conquête du pays à une opération de police plus ou moins analogue à celles, qu'il y a peu de temps encore, il était nécessaire d'entreprendre, dans les pays civilisés, contre les groupes d'individus se mettant hors la loi en s'attaquant aux biens et à la vie de leurs concitoyens, en un mot la guerre entreprise n'était-elle pas plus ou moins assimilable à un acte de répression de brigandage ordinaire, c'est-à-dire n'était-elle pas fondée en droit ?

Il reste bien, à la vérité, la différence essentielle que d'une part la répression s'exerce contre des nationaux violant des lois établies et qu'il s'agit tout à la fois de prévenir et de réduire à l'impuissance, tandis que, d'autre part, nous combattions des étrangers vivant sous des lois qu'ils considéraient comme légitimes et comme établies sur les bases de la morale sociale. Mais quoiqu'on puisse considérer les Dahoméens comme un groupe indépendant ayant le droit de s'organiser comme ils l'entendaient, quelque déplorable que fût cette organisation, le respect de la vie humaine (hors les cas de guerre et de répression pénale) fait à un tel point partie du droit, suivant la conception qu'en ont les Européens modernes, que ceux-ci peuvent se croire légitimement autorisés à l'imposer à d'autres groupes restés, à cet égard, à un stade depuis longtemps dépassé par les nations civilisées.

En résumé, il est donc assez difficile de conclure : théoriquement le droit d'envahissement et d'occupation permanente n'existe pas : dans la pratique il faut, au contraire, reconnaître qu'en laissant subsister un état de chose dont souffraient cruellement de nombreuses créatures humaines — puisque la vie est, en somme, le plus précieux des biens — les Européens auraient pu croire manquer à un devoir d'humanité.

A la vérité, il resterait à établir qu'il n'y avait pas d'autres moyens que l'emploi de la force au début et de l'occupation permanente ensuite pour obtenir le résultat désiré : mais dans la pratique il semble bien qu'on ne pouvait guère agir autrement qu'en envahissant le territoire des Dahoméens, en leur imposant, d'autorité, une organisation différente et meilleure et en occupant leur pays pendant longtemps. Vraisemblablement en effet, il n'aurait pas été possible de lutter par la seule persuasion ni par le seul exemple, contre des habitudes anciennes et invétérées, ni surtout contre des superstitions dont bénéficiaient certaines castes. De nombreuses générations se seraient sans doute succédées avant que les mœurs et les lois eussent subi les modifications nécessaires ; et il en eût été de même, presque sûrement, si, après une première expédition militaire, les envahisseurs s'étaient retirés.

En résumé, nous pensons devoir conclure que, dans ce cas précis, une intervention armée, quoique violant théoriquement le droit des nations, était légitime et justifiée.

Nous n'ignorons pas que dans la réalité beaucoup d'autres considérations, n'ayant rien à voir avec l'altruisme et l'humanité, ont agi sur l'esprit des conquérants ; mais nous avons voulu laisser de côté cette partie de la question et notre raisonnement est celui qu'il y aurait à faire si le gouvernement français s'était laissé guider uniquement par le désir d'améliorer le sort de populations misérables, condamnées à rester pendant très longtemps encore dans un état social déplorable, que son intervention devait, immédiatement, rendre meilleure et plus parfaite.

Comme on le voit par les deux exemples se rapportant à des faits historiques déterminés que nous venons d'envisager, il n'existe pas, dans notre opinion, de conclusion générale, ni de critérium absolu se rapportant à tous les cas où se pose le problème de savoir si le fait de la découverte légitime la conquête. Chaque cas constitue, pour ainsi dire, une espèce et il existe ou peut exister autant de solutions particulières, que de situations particulières. On doit, en effet, envisager, avant de porter un jugement et d'adopter une conclusion, à la fois l'état de civilisation du groupe conquis, la conception du *droit* que peuvent se faire les conquérants, et l'époque même de la conquête. Telle annexion qui pouvait être considérée comme légitime au xv° siècle par exemple, pourrait ne plus l'être, d'après nous, à notre époque.

Nous ne nous dissimulons pas combien une théorie qui tient, à un tel degré, compte des faits et de leur relativité, paraîtra peu satisfaisante dans une science où l'absolu des principes doit, presque toujours, servir de base au raisonnement. Mais il ne nous semble pas possible de laisser entièrement de côté, quand on veut juger les actions des hommes et leur indiquer une règle de conduite, le but qui a pu servir de mobile à ces actions, ni qu'il soit absolument indispensable de choisir entre un dogme rigoureux d'après lequel toute conquête constituerait une violation du droit des nations, et un autre dogme, également rigoureux et inflexible, qui légitimerait tous les appels à la force, sans exception, lorsqu'il s'agit de races tenues pour inférieures.

Ceci étant admis, nous devons reconnaître, et c'est le point très important qui nous reste à signaler, que c'est seulement dans les temps modernes les plus rapprochés de nous que se sont fait jour quelques idées d'humanité et de justice générale entre les peuples. Jusque-là nous voyons, avec une désespérante régularité, se reproduire des faits précisément inverses de ceux qui justifieraient des occupations permanentes. Sans se préoccuper, un seul instant, d'améliorer le sort des populations conquises, les Européens à peine maîtres d'un pays sauvage, y commettent toutes sortes d'abus et de crimes contre le droit des gens : Esclavage des noirs de la côte d'Afrique qu'on déporte en masses et par nations entières, dans les colonies des Antilles ; extermination des Peaux-Rouges du Nord-Amérique ; esclavage organisé légalement et par l'État des Malais des Iles de la Sonde, etc... On ne sait que trop que l'histoire des découvertes et des occupations européennes antérieures à nos jours n'est autre chose que l'histoire d'une série ininterrompue de déprédations et de violences.

Et, même actuellement, tient-on un compte suffisant des principes de la Justice et du Droit ? Il suffit de voir ce qui s'est passé à Berlin, lors de la discussion du traité par lequel on essaya de régulariser l'envahissement de l'Afrique, pour se rendre compte du peu de poids des considérations théoriques dans l'esprit des hommes d'État des nations les plus hautement cultivées. Les diplomates, en résumé, se sont partagés un immense continent, à peu près comme si les terres étaient toutes *res nullius*.

Aussi le temps peut-il paraître encore bien éloi-

gné où la seule Justice règlera les relations des peuples, et, en tout cas, l'occupation de la plus grande
partie de la terre habitable se sera accomplie alors
que la conception exacte de cette justice, si elle faisait déjà partie de la mentalité de l'homme, n'exer-
çait que peu d'influence sur ses actes.

Nous examinerons maintenant, brièvement, à la
suite de la thèse qui vient d'être exposée, la question du droit de souveraineté de la Russie sur les
côtes de l'Alaska et les îles Aléoutiennes qui en
dépendent, après la découverte de ces terres par ses
navigateurs, dans la deuxième moitié du xviiie siècle.

Comme nous l'avons vu, c'est en 1728 que Behring
pénétra dans la mer à laquelle il a donné son nom:
treize ans plus tard, en 1741, il franchissait, pour la
première fois, le détroit qui sépare cette mer de
l'Océan glacial arctique. A la même époque, des
chasseurs et des marchands russes suivaient ses traces ; on les voit bientôt trafiquer puis s'établir dans
la plus importante des îles de la chaîne Aléoute.

Malgré des recherches assez prolongées dans plusieurs ouvrages historiques, et, notamment dans
celui de Bancroft (*Histoire de l'Alaska*) il nous serait
impossible de donner des renseignements bien précis sur l'organisation des tribus indigènes, de race
rouge, qui occupaient la terre ferme et les îles. Tout
ce qu'on sait c'est que ces Indiens, peu nombreux,

très clairsemés et disséminés sur d'immenses espaces, vivaient à peu près dans les mêmes conditions et avaient à peu près les mêmes mœurs que les tribus, depuis plus longtemps connues, de la baie d'Hudson et du Labrador.

Le type social était, certainement, celui des populations de chasseurs et de pêcheurs, c'est-à-dire que, sans être précisément nomades, comme certains groupes de pasteurs dans d'autres parties du monde, les tribus de la terre ferme, subdivisées à l'infini et constituées en clans ayant le même « totem », occupaient nécessairement des territoires de chasse de grandeé tendue relativement à leur population. Ces territoires se trouvaient délimités et séparés les uns des autres, soit par leur configuration naturelle, fleuves, montagnes, soit d'après des coutumes remontant peut-être à une très haute antiquité. Fréquemment, à ce qu'on croit, à la suite d'empiètements accidentels ou volontaires, ou à la suite d'anciennes rivalités, les tribus se déclaraient la guerre. Les prisonniers étaient, soit réduits à l'esclavage par le groupe vainqueur, soit mis à mort ; et la singulière coutume du « poteau des supplices » si généralisée sur tout le continent de l'Amérique du Nord, existait probablement.

Les tribus des îles, composées de pêcheurs, fractionnées en groupes encore moins nombreux, paraissent avoir été moins guerrières, mais aussi, en même temps, plus sauvages encore.

En tous cas l'existence des individus, dans une région où règnent de longs et terribles hivers, où la terre produit à peine, et avec tous les aléas que comporte la vie là où elle dépend de la poursuite du gibier ou de la capture des animaux marins, devait être des plus misérables : on sait, d'une façon certaine, que les femmes étaient très durement traitées et que leur sort différait à peine de celui d'esclaves soumis à une dure servitude.

La conquête, à quelque degré tout au moins, se légitimait donc si on se place au point de vue de notre théorie, et si, de plus, on tient compte, comme il est raisonnable de le faire, de la conception du droit international, telle qu'elle existait, à l'époque de la découverte, dans l'esprit des peuples d'Europe.

Elle pouvait aussi se légitimer, à un autre point de vue tout spécial, et qui montre bien qu'il convient de ne point baser les conclusions auxquelles on peut arriver sur un raisonnement général et entièrement théorique.

Les immenses étendues de territoire désolées et désertes où erraient les tribus de chasseurs indiens, en même temps qu'elles ne produisaient presque rien des choses nécessaires à la vie, nourrissaient, en troupes innombrables des animaux à fourrure précieuse, et la disparition de ces richesses naturelles était de nature, de toute évidence, à causer un dom-

mage irréparable à l'ensemble de l'humanité. Il est
certain, qu'abandonnés à eux-mèmes, totalement privés de l'esprit de prévoyance qui caractérise l'homme
civilisé, les chasseurs indigènes n'auraient rien fait
pour exploiter rationnellement les ressources que la
nature mettait à leur disposition ; et que, stimulés
par l'appât d'un gain immédiat, dès que la demande
des Européens eût été tant soit peu considérable, ils
n'auraient pas manqué de se livrer à une destruction
sans limite et sans règle des animaux peuplant leurs
territoires de chasse.

Les conseils américains, dont toute l'argumentation devait se baser sur leur droit de protection du
troupeau de phoques à fourrure vivant sur les îles
Pribilof, n'ont pas manqué de faire, à plusieurs
reprises, allusion à ce point de vue particulier. En
effet, s'ils écrivent comme eût pu le faire un juriste
du xve siècle (1): Ainsi, par la raison que les Russes
furent les premiers à les découvrir, à les occuper et à s'y établir d'une façon permanente, les
côtes et les îles de la mer de Behring, l'archipel des
îles Aléoutiennes et la presqu'île d'Alaska devinrent,
probablement dès l'année 1800, portions incontes-
tées du territoire de l'empire russe : ils écrivent
aussi (2) : Dans le cas d'une région fertile capable

---

1. *Mémoire,* page 28.

2. *Plaidoyer,* page 48.

de nourrir une nombreuse population, il pourrait
ne pas être permis à la nation qui l'a découverte la
première de prétendre un droit sur de vastes étendues qu'elle n'essaierait pas d'améliorer ; mais quand
une région éloignée et déserte a été découverte, ne
donnant qu'un seul ou que peu de produits, suscep-
tibles tous d'être mis à profit par la nation qui a fait
la découverte, un droit revendiqué et réellement
exercé sur ces produits constitue toute l'occupation
dont la région est susceptible et suffit à conférer le
droit de propriété.

En résumé, il nous paraît résulter de l'ensemble des
considérations qui viennent d'être présentées ci-dessus, que le fait de la découverte, par des navigateurs
russes, des solitudes presque désertes de l'Alaska,
s'il ne justifiait pas complètement, d'après les principes absolus de la science, l'occupation des terres
découvertes, donnait pratiquement à la Russie un
droit de souveraineté à peine contestable de nos jours
et justifiable à l'époque où ce droit fut exercé pour
la première fois (1).

---

1. Mais pour que notre conclusion fût complètement d'accord avec
la thèse soutenue, il eût fallu que les Russes, établis au milieu de
populations sauvages, se fussent appliqués sans retard à améliorer le
sort de leurs nouveaux sujets en rendant plus parfaite leur organisation et en modifiant, dans le sens de l'obtention d'une plus grande
sécurité, les conditions mauvaises que leur créaient le milieu et leur

Quoi qu'il en soit, du reste, et comme nous l'avons vu, ni l'une ni l'autre des parties, ne contestait, en droit, dans son principe même, le fait primitif de la souveraineté de la Russie, tel qu'il résultait des découvertes, et on admit des deux côtés le caractère légal de l'ukase de 1791, sans en discuter ni la forme, qui était en résumé celle des actes d'un gouvernement régulier autocratique, ni la promulgation exclusivement nationale, (car il semble établi, qu'à l'époque où il parut, l'ukase ne fut pas porté par la voie diplomatique ordinaire à la connaissance des autres Puissances). Les conseils anglais et américains se bornèrent à discuter la lettre même de l'ukase de 1821 et celle des traités de 1824 et de 1825, conclus à la suite des contestations que souleva la promulgation, régulièrement communiquée cette fois, dudit ukase, chaque partie essayant de démontrer que les textes étaient en faveur de la thèse qu'elle soutenait.

---

genre de vie. Nous voyons tout au contraire, en parcourant les documents relatifs à l'histoire de l'Alaska, que, là comme ailleurs, les nouveaux venus ont abusé de leur supériorité sur les indigènes pour les réduire à un état plus misérable encore : ce qui amena ceux-ci à se révolter contre le joug qu'on leur imposait et à détruire de fond en comble, en massacrant tous les habitants, le plus important de tous les établissements russes. (Destruction de Sitka en 1802.) Bien entendu cette attaque suffit pour légitimer pendant longtemps, comme d'usage, toutes les violences et toutes les répressions.

Nous allons, de notre côté, entreprendre cet examen des documents.

Dans l'ukase de 1799, dont les termes sont assez vagues relativement à la délimitation des terres revendiquées comme possessions russes régulières, on lit : Par droit de découvertes des navigateurs russes dans le passé, de la côte nord-est d'Amérique commençant au 55ᵉ degré de latitude nord, de la chaîne d'îles qui s'étend du Kamtchatka au nord vers l'Amérique et au sud vers le Japon et du droit de possession de ces régions par la Russie... L'étendue de côtes ainsi revendiquées comprenait les rivages de la côte d'Amérique du 55ᵉ degré, jusqu'à l'Océan glacial, la mer de Behring, la mer d'Okhotsk et les îles Kouriles.

Si nous laissons de côté la rive asiatique qui ne nous intéresse pas, puisqu'il ne fut pas question de la juridiction de la Russie sur le Kamtchatka, la mer d'Okhotsk, la Sibérie et les Kouriles, nous voyons que, par cet ukase, la Russie se prétendait maîtresse, par droit de découverte, de toute la côte américaine, à partir du 55ᵉ degré de latitude nord, jusqu'au détroit de Behring, et des îles Aléoutiennes dépendant de cette mer. De plus (article IV) la Compagnie concessionnaire pouvait étendre ses découvertes au sud du 55ᵉ degré et y occuper les terres non encore occupées. Enfin l'article X lui conférait un droit exclusif, pendant vingt ans, sur les terres précitées et interdisait la jouissance de tous les bénéfices résultant de l'occupation non seulement à « ceux qui voudraient faire voile pour ces contrées pour leur propre compte », mais à tous les chasseurs et trappeurs engagés dans le « commerce ».

Aucune protestation ne fut formulée contre cet ukase par aucun gouvernement, et pendant vingt ans la Russie a joui, en paix comme elle l'a entendu, du droit qu'elle s'était arrogé.

Il serait assez difficile de dégager bien clairement, des termes de cet ukase, ce que la Russie entendait se réserver comme juridiction maritime. On voit bien qu'elle met la Compagnie russo-américaine en possession de tous les établissements existant au nord du 55ᵉ parallèle et jusqu'au détroit de Behring sur la côte d'Amérique : qu'elle l'autorise à en fonder d'autres, sur ces mêmes plages, au besoin au sud du 55ᵉ degré et qu'elle interdit la jouissance de tous les bénéfices résultant des industries, du commerce et des découvertes à « tous ceux qui voudraient faire voile pour ces contrées pour leur propre compte » mais sauf dans cette dernière interdiction qui, suivie d'effet, eût fait d'une partie de l'Océan Pacifique nord, une *mare clausum*, il n'est nulle part question de la souveraineté en dehors des terres, soit sur la côte soit dans les îles.

Les avocats anglais ont soutenu que les droits exclusifs conférés par l'ukase, l'étaient seulement *contre* les sujets russes ne faisant pas partie de la

Compagnie (1) et ne s'appliquaient nullem en aux étrangers, et ils citent de nombreux navires, d'abord anglais, puis après la guerre de l'Indépendance, anglais et américains, comme ayant navigué sans empêchement au nord du 55ᵉ parallèle,et atterri sans obstacle dans les possessions russes. Les conseils américains, au contraire, soutiennent formellement, que l'interdiction s'étendait également aux étrangers. A notre avis, cette interprétation est certainement la bonne : on ne comprendrait pas en effet qu'à une époque où toutes les nations réservaient exclusivement à leurs sujets tout commerce avec leurs colonies, le gouvernement russe ait entendu établir, par un acte législatif, que les étrangers auraient le droit de trafiquer à leur gré sur un point du globe dont il venait de s'assurer la possession, alors qu'il refusait d'accorder ce même droit à ses nationaux en dehors d'une catégorie littéralement désignée, la Compagnie russo-américaine. On doit donc interpréter les mots « à tous ceux qui voudraient faire voile » comme se rapportant à tout le monde, sans exception, sauf les navires de la Compagnie russo-américaine.

D'autre part, pas un des termes de l'ukase ne se rapporte à une juridiction maritime si ce n'est la phrase du préambule. « Les bénéfices et les avantages résul-

---

1. *Livre bleu*, page 27.

tant, pour notre Empire, de la chasse et du commerce auxquels se livrent nos loyaux sujets dans les *mers* du nord-est, et le long des côtes d'Amérique ont attiré notre royale attention. » Mais cette phrase n'est pas insérée dans les articles, où chaque prescription se borne à assurer un monopole sur les *territoires* de chasse, les *établissements*, en un mot sur les côtes. Elle fait allusion, d'une façon générale, au fait que les Russes naviguaient et trafiquaient dans les mers du nord-est et sur les côtes d'Amérique : il est difficile de soutenir que par son seul énoncé dans les considérants d'un document, qui est en réalité une loi, le gouvernement du tzar entendait revendiquer une souveraineté quelconque sur la mer ouverte. Cette opinion est très nettement celle d'un des arbitres américains le juge Harlan qui en donne à la vérité des raisons quelque peu différentes (1) mais qui arrive à la même conclusion.

Il serait inutile, du reste, d'entrer dans de plus longues considérations à ce sujet car la concession accordée à la Compagnie russo-américaine par l'ukase de 1799 fut complètement modifiée par l'ukase de 1821 qui devint, à partir de cette époque, la base fondamentale des prétentions russes, et dont les deux parties eurent, par conséquent, à dis-

---

1. Opinion of. M. R. Justice Harlan, page 65.

cuter et à interpréter le texte, sans qu'il pût être davantage fait état de l'acte de 1799 pour décider la question de la souveraineté revendiquée par la Russie ; cet acte, en effet, se trouvait, de fait, abrogé.

Les modifications apportées à l'acte de concession étaient, du reste, de la plus haute importance : alors qu'en 1799 le gouvernement de Saint-Pétersbourg se bornait à revendiquer des droits territoriaux au nord du 55ᵉ degré de latitude nord, en 1821, il prétendait établir formellement « que l'exercice du com- « merce, de la pêche à la baleine, et de toutes autres « pêches, dans toutes les îles, ports et golfes, y com- « pris la côte nord-ouest d'Amérique qui s'étend du « détroit de Behring au 51ᵉ degré de latitude était « exclusivement accordé aux sujets russes » et que de plus « il était interdit à tout navire étranger, non « seulement d'atterrir sur toutes les côtes et îles ci- « dessus énumérées, mais encore de s'en approcher « à moins de 100 milles italiens. »

Cette fois il s'agit bien d'une juridiction purement maritime sur une étendue de mer s'étendant à 100 milles de toutes les côtes, puisque la puissance occupant le rivage interdit l'accès des 100 milles à tout étranger : et il s'agit de plus d'une extension vers le sud de 4° du 55ᵉ degré au 51ᵉ (c'est-à-dire de l'île du Prince of Wales à Vancouver) des possessions et de la juridiction territoriales

Immédiatement, comme nous l'avons vu, les États-

Unis et la Grande-Bretagne protestèrent ; des négociations diplomatiques furent engagées et elles aboutirent au traité de 1824 avec les États-Unis et de 1825 avec l'Angleterre.

Ces traités remplaçaient-ils l'ukase de 1821, comme celui-ci avait remplacé l'ukase de 1799 et est-ce uniquement sur leurs textes que nous devons nous baser pour savoir quelle conception définitive se faisait la Russie de sa souveraineté sur la côte nord-ouest d'Amérique et les mers avoisinantes, ou, au contraire, faut-il les considérer simplement comme des traités de délimitation de frontière n'impliquant aucune renonciation positive aux prétentions formulées dans l'ukase? Les Anglais soutenaient la première manière de voir et prétendaient que la Russie avait renoncé dans son traité avec la Grande-Bretagne à toute souveraineté sur mer, en dehors de la souveraineté ordinaire. Les Américains soutenaient au contraire que l'ukase de 1821 n'était nullement abrogé par les traités de 1824 et de 1825 et que la Russie avait simplement renoncé à sa nouvelle prétention d'étendre sa domination vers le sud jusqu'au 51ᵉ parrallèle : ils soutenaient même (1) que « loin « de révoquer et de restreindre la juridiction précé- « demment exercée par la Russie sur la mer de Beh-

---

1. *Mémoire*, page 50.

« ring, les termes de ces traités, ainsi que les négo-
« ciations qui les ont précédés, attestent, d'une
« façon évidente que les Hautes Parties contractan-
« tes n'ont, en aucune façon, eu en vue, concédé ou
« obtenu la révocation ou la restriction de la dite
« juridiction.

« La Russie ne tarda pas à reconnaître que ses
« prétentions au contrôle des eaux du nord de
« l'Océan Pacifique étaient insoutenables, et sa déci-
« sion à cet égard fit l'objet des premiers articles des
« deux traités en question. Mais, ni dans les protes-
« tations des puissances, ni dans les négociations,
« ni, enfin, dans les traités eux-mèmes, aucune allu-
« sion n'est faite à la mer de Behring, et on ne sau-
« rait mettre en doute qu'il ressort de l'examen de
« ces documents, ainsi que de la connaissance des
« événements subséquents, que la question de droit
« de juridiction sur ses eaux fut laissée intacte par
« les traités, et bien plus que, grâce à ces derniers,
« l'exercice de ces droits par la Russie obtint la
« reconnaissance implicite des deux grandes puis-
« sances ; car, alors que, par l'ukase de 1821, la
« Russie avait ouvertement revendiqué certaine
« juridiction extraordinaire, tant sur la mer de Beh-
« ring que sur l'Océan Pacifique, les traités qui sui-
« virent, et qui constituaient le règlement complet de
« tous différends soulevés par cet ukase, ne contien-
« nent aucune allusion à cette juridiction en ce qui

« concerne la mer de Behring, tandis que cette juri-
« diction s'y trouve expressément énoncée et que,
« renonciation y est formellement faite en ce qui
« touche l'Océan Pacifique. »

C'est bien, à notre avis, sur ce point que doit porter la controverse. Sans nous préoccuper tout d'abord
des notes diplomatiques échangées, c'est-à-dire de ce
qu'on pourrait appeler les considérants des articles
des traités, voyons quels arguments on peut trouver
pour ou contre les deux opinions soutenues dans la
lettre même des documents.

Comme il s'agissait de décider de la question de
savoir si la Grande-Bretagne avait jamais reconnu la
juridiction exclusive de la Russie sur la mer de Behring, le traité de délimitation avec les États-Unis
nous intéresse moins, et c'est surtout le traité (1825)
avec l'Angleterre que nous avons à envisager.

Du reste, si on veut bien comparer les deux articles premiers des traités, on verra qu'ils sont la
reproduction l'un de l'autre sauf sur un point important : Dans le traité des États-Unis on trouve les
mots : sur une partie quelconque du Grand Océan
communément appelé Océan Pacifique ou *Mer du
Sud*, dans le traité de la Grande-Bretagne le texte
est : dans une partie quelconque de l'Océan communément appelé Océan Pacifique.

Remarquons, tout d'abord, qu'il n'est pas fait allusion une seule fois, dans le texte des traités à l'ukase

lui-même ni aux prétentions soit nouvelles, soit antérieures du gouvernement russe, et si les notes diplomatiques échangées, n'avaient pas été communiquées aux arbitres et nous étaient inconnues, on pourrait croire qu'il s'agit de conventions intervenues sans contestations ni difficultés préalables.

Tantôt les instruments diplomatiques sont précédés d'une formule par laquelle les négociateurs exposent, en quelques lignes, les raisons qui ont donné naissance à la convention qu'ils rédigent et l'ont rendue utile ou nécessaire — voir le préambule du traité d'arbitrage lui-même — tantôt ils débutent, au contraire, sans considération d'aucune sorte par le texte même de l'instrument.

C'est cette deuxième forme qui fut adoptée en 1824 et 1825 et il ne semble pas impossible d'admettre que cette abstention fût voulue dans la crainte où l'on était des deux côtés de trop préciser et de faire trop nettement allusion aux polémiques antérieures (1) à la conclusion des traités.

Par la rédaction adoptée dans le traité anglais il était admis, en substance, que les sujets des deux

---

1. On trouve une preuve de la probabilité de ces hésitations dans une dépêche de M. S. Canning à M. G. Canning, où on voit le comte Nesselrode faire allusion à l'embarras qu'il éprouverait pour soumettre au Tzar, une rédaction où il serait fait allusion à la juridiction sur 3 milles marins.

nations pourraient naviguer ou pêcher, sans être troublés dans l'exercice de ces droits dans toute partie de l'Océan communément appelé Océan Pacifique et débarquer sur tout point de la côte non encore occupé pour y trafiquer et que les lignes de démarcation des possessions anglaises et russes commenceraient à 54°40' de latitude nord (c'est-à-dire que la Russie abandonnait formellement ses prétentions à la souveraineté sur le rivage d'Amérique du 55° au 51° degré, prétentions qu'elle avait formulées dans l'ukase de 1821).

Si les négociateurs ont compris la mer de Behring dans les termes « toute partie de l'Océan communément appelé Océan Pacifique », la Russie a abandonné, par le traité, toute juridiction sur cette mer : si au contraire ils ont entendu faire de la mer de Behring une mer séparée, ne faisant pas partie de l'Océan Pacifique, la Russie pouvait prétendre que rien de ce qu'elle avait revendiqué en 1821 n'était abandonné et qu'elle conservait le droit d'empêcher tout navire d'approcher à moins de cent milles italiens des côtes *de cette mer*. C'est précisément la thèse des Américains.

On comprend quels efforts durent faire les deux parties pour arriver à démontrer que la mer de Behring faisait ou ne faisait pas partie de l'Océan « communément appelé Océan Pacifique » à l'époque où fut conclue la convention. Ces efforts, à la vérité, furent

surtout considérables du côté anglais, car, ainsi que
nous l'avons vu, les négociateurs américains n'attachaient qu'une importance relative à toute cette partie du procès et plaidèrent surtout la thèse de la
propriété et de la protection du troupeau de phoques.

Des deux côtés, cependant, on soumit à l'appréciation du Tribunal, une quantité considérable de
documents cartographiques et géographiques remontant à 1825, afin de fixer son opinion sur le sens
attaché par les négociateurs anglais et russes aux termes dont ils s'étaient servis. Nous ne citerons aucun
de ces documents qui furent très nombreux, leur discussion et leur examen ne rentrant point à proprement parler dans notre sujet. On peut du reste conclure, à notre appréciation, que les preuves pour et
contre s'équilibrèrent à peu près et que si les Arbitres n'avaient pas eu d'autres éléments de discussion,
ils fussent restés, probablement fort embarrassés
pour leur décision.

Remarquons toutefois, en passant, qu'il en serait
autrement si la question se fût posée à notre époque, et que, dans la science géographique actuelle,
la mer de Behring est certainement une étendue
d'eau délimitée, distincte de l'Océan Pacifique. A
quelque degré, par conséquent, et étant donné que
soixante années seulement s'étaient écoulées depuis
la conclusion du traité, cette constatation devrait

plutôt faire pencher en faveur de la thèse soutenue par les Américains.

Mais si les preuves font défaut pour le cas où on oudrait s'appuyer sur les seuls documents cartographiques, il existe une autre source de renseignements qu'on peut consulter en examinant les notes et mémoires diplomatiques échangés, à partir de la protestation contre l'ukase de 1821 et jusqu'à la conclusion des traités. Il est de toute évidence en effet que les négociateurs russes, anglais et américains ont dû, au cours des négociations, faire valoir tous les arguments en leur possession pour soutenir leur manière de voir et attaquer celle de leurs adversaires.

Nous citerons ou nous analyserons ceux de ces documents qui nous ont paru de nature à faire le mieux connaître le terrain sur lequel se placèrent les gouvernements, et qui, par conséquent, nous permettront de nous faire une opinion sur le sens qu'attachaient les négociateurs aux termes dont ils se sont servis dans l'article premier des traités avec la Grande-Bretagne en employant les mots « Océan Pacifique ».

Quelques-uns de ces documents sont fort intéressants en ce sens qu'ils permettent de connaître la manière de voir, relativement à la juridiction maritime, des hommes d'État européens et américains au moment où furent signées les conventions de 1824 et 1825.

1° *Interprétation donnée à l'ukase par le gouvernement russe.*

Note du baron de Nicolay à lord Londonderry, 31 octobre 1821 :

Les incursions des contrebandiers et des aventuriers de toutes nations sur la côte, non seulement donnent lieu à un commerce frauduleux qui va contre les intérêts de la Compagnie russo-américaine, mais s'accomplissent, souvent, avec des intentions hostiles. Il est devenu nécessaire de réprimer ces incursions, et c'est dans ce but que le nouvel ukase a été promulgué avec les règlements qu'il édicte. Le gouvernement s'est cependant borné, par ces règlements, à empêcher les navires de débarquer sur les côtes et de s'en approcher à moins de 100 milles.

M. de Poletica, ministre de Russie à Washington, au secrétaire d'État, 23 février 1822 :

M. de Poletica explique le but de l'ukase : il défend d'abord la réclamation territoriale, en se basant sur la découverte, l'occupation et la possession indiscutée et il ajoute : Le motif de l'exclusion des navires à 100 milles de la côte du nord-ouest d'Amérique, mesure qui, à première vue, paraît draconienne, est une mesure de protection dirigée contre les aventuriers qui, non seulement font un commerce illicite, préjudiciable aux intérêts de la Compagnie russo-américaine sur cette côte, mais fournissent dès armes et des munitions aux indigènes et les excitent à se révolter contre les autorités régulières.

Le gouvernement américain connaît ces arguments car beaucoup des coupables sont des citoyens des États-Unis. Les remontrances faites à plusieurs reprises sont restées sans effet.

Les possessions russes s'étendent, sur la côte nord-ouest d'Amérique, du détroit de Behring au 51ᵉ degré, et sur la côte opposée d'Asie, de ce même détroit au 45° degré. L'étendue de mer dont ces possessions forment la limite, réunit toutes les conditions qui constituent, dans la règle, une mer fermée, et le gouvernement russe pourrait se croire autorisé à exercer sur elle un droit de souveraineté et spécialement le droit d'en interdire entièrement l'accès aux étrangers : mais il préfère n'affirmer que ses droits essentiels, sans user de l'avantage que lui donnerait la disposition des côtes et interdire tout accès jusqu'à 100 milles seulement.

M. de Poletica à M. J. Q. Adams, 2 avril 1822 :

Le fait que l'Océan Pacifique s'étend sur une large étendue de mer au 51° parallèle, ne peut en rien infirmer le droit de la Russie de considérer cette partie de l'Océan comme fermée : mais il est inutile de discuter à ce sujet, puisque le gouvernement du Tzar n'entend pas « prendre avantage » de ce droit.

Quant aux droits des citoyens des États-Unis de trafiquer sur la côte nord-ouest d'Amérique, en dehors des limites des possessions russes, il a toujours été reconnu et aucune opposition n'y a été faite. Mais au nord du 51° parallèle tout commerce de ce genre exposerait les armateurs américains à des répressions dont leur imprudence seule les rendrait victimes, puisqu'ils sont avisés de l'interdiction.

Ces citations suffisent pour faire connaître quelles étaient les idées de la Russie : elle émet, très nettement, la prétention au droit de considérer l'Océan Pacifique comme une mer fermée *(mare clausum)* des côtes d'Amérique à celles d'Asie en admettant, comme limite sud, une ligne idéale reliant le 51° parallèle (américain) au 45° parallèle (asiatique). Il ne peut subsister aucun doute à cet égard quand on a lu les notes que nous venons de reproduire en les traduisant presque littéralement.

Une telle prétention allait, de toute évidence, à l'encontre des règles admises en droit international. La question de savoir s'il existait des établissements russes permanents du 55° degré, limite de l'ukase de 1794 au 51° degré, limite nouvellement réclamée, était une question de fait qu'on pouvait discuter.

Mais la prétention de considérer le grand triangle de mer compris entre le détroit de Behring, les côtes des deux continents et une ligne, tracée en mer, les rejoignant du 51° au 45° degré, comme constituant une mer fermée au sens qu'on attache à ce mot, n'était pas soutenable.

Le cabinet de Washington fit immédiatement connaître sa manière de voir par les notes suivantes :

Protestations des États-Unis.

M. Adams à M. de Poletica, 25 février 1822 :

Le président des États-Unis a vu avec surprise la Russie promulguer un édit par lequel elle réclame l'occupation territoriale des côtes sur le continent américain jusqu'au 51 parallèle et interdit à tout navire de s'approcher des dites côtes à moins de cent milles. Les relations des États-Unis avec le gouvernement de Sa Majesté le Tzar, ont toujours été très amicales, et le gouvernement de Washington désire vivement qu'il en soit toujours ainsi. Il aurait donc pu espérer qu'avant de fixer des limites comme frontières, il y aurait eu entente entre les deux nations. Mais son étonnement a surtout été grand, en voyant que l'accès du rivage était interdit aux navires américains en dehors de la limite ordinaire. Cette interdiction affecte à un tel degré les droits des États-Unis et de leurs citoyens qu'il est nécessaire de demander des explications au gouvernement russe, en le priant d'exposer les raisons sur lesquelles il se base pour agir ainsi |contre des principes généralement reconnus par les lois et les usages des nations.

Note de M. J.-Q. Adams, 20 mars 1822 :

Les prétentions de la Russie doivent être examinées, non seulement au point de vue du droit territorial, mais aussi à celui de l'interdiction faite à tout navire de s'approcher à moins de 100 milles des côtes. Depuis qu'ils ont proclamé leur indépendance, les États-Unis ont toujours vu leurs navires naviguer librement sur ces mers et ce droit fait partie de cette indépendance. Relativement à la suggestion que la Russie pourrait justifier sa souveraineté sur l'océan Pacifique comme mer fermée parce qu'elle réclame les côtes à la fois en Asie et en Amérique, il suffit de dire que la distance d'une côte à l'autre à la hauteur du 51ᵉ parallèle est de 4.000 milles marins.

M. J.-Q. Adams à M. Middleton, 22 juillet 1823 :

D'après les termes de l'ukase, la prétention du gouvernement impérial est celle d'une juridiction territoriale, en Asie à partir du 45ᵉ degré et en Amérique à partir du 51ᵉ et elle comprend l'interdiction de naviguer et de pêcher pour toutes les autres nations à 100 milles de ces côtes.

Les États-Unis ne peuvent reconnaître cette prétention sur aucun point. Leur droit de naviguer et de pêcher est entier, et ils l'ont exercé de tout temps, depuis la paix de 1783, sur toute l'étendue de l'*Océan du sud*, avec la seule restriction de juridiction territoriale ordinaire, qui, en ce qui concerne la Russie, se borne à quelques îles au nord du 55ᵉ degré mais n'a jamais existé sur le continent proprement dit.

La correspondance entre M. de Poletica et nous ne contient aucun exposé des principes ou des faits sur lesquels il essaie de justifier l'ukase impérial. Nous avons de propos délibéré, évité, nous aussi, cette discussion, prévoyant que le gouvernement impérial ne manquerait pas, après un nouvel examen, de rapporter cet ukase en entier. En attendant il faut reconnaître que cet acte a soulevé une émotion considérable dans ce pays, ainsi du reste qu'en Angleterre.

Mémoire confidentiel de M. Middleton au Secrétaire d'État des États-Unis, 1ᵉʳ décembre 1829 :

L'extension des droit territoriaux à la distance de 100 milles des côtes sur deux continents opposés, et l'interdiction d'approcher à cette distance soit des côtes, soit des îles voisines, est une innovation dans le droit international et constitue une mesure sans précédent. Il faut, de plus, reconnaître que cette interdiction, qui entraîne la peine de la confiscation, s'applique à une longue ligne de côtes, avec les îles intermédiaires, situées dans de vastes mers, où la navigation est très difficile et où la principale industrie, qui est la pêche, ne comporte pas de routes régulières ni bien déterminées à l'avance.

Le droit de fermer un port, une mer, et même une contrée entière au commerce, ne peut être dénié dans quelques cas particuliers. Mais l'exercice d'un tel droit, sauf lorsqu'il s'agit d'un système colonial établi d'une façon « absurde », serait mal interprété maintenant, qu'avec les idées modernes, il est au contraire admis que les nations doivent essayer de resserrer les liens qui les unissent.

Un usage universel, qui a force loi, a établi pour toutes les côtes, une limite d'accès de distance modérée, suffisante pour la sécurité du pays, et les convenances de ses habitants, mais qui n'apporte aucune restriction au droit universssel des nations sur la liberté de la navigation et du commerce.

A la quatrième conférence (8 mars 1824) qui précéda la signature du traité avec les États-Unis, M. Middleton remet au comte Nesselrode le mémoire suivant :

La souveraineté peut être acquise par une occupation ou une possession réelles, mais l'intention (*anima*) de s'établir n'est pas suffisante.

D'après les faits, il est clair que, ni la Russie, ni aucun pouvoir européen n'a le droit de souveraineté sur la côte d'Amérique entre le 50me et le 60me parallèle de latitude nord.

Encore moins a-t-elle la souveraineté sur le territoire maritime adjacent ou sur la mer qui borde ces côtes, souveraineté qui n'est qu'un accessoire de la souveraineté territoriale.

C'est pourquoi elle n'a ni le droit d'exclusion, ni le droit d'admission sur ces côtes ou dans ces mers qui sont des mers libres.

Le droit de naviguer sur toutes les mers libres appartient, d'après la loi naturelle, à toute nation indépendante, et constitue même une partie essentielle de son indépendance.

Les États-Unis ont exercé le droit de navigation dans les mers et de commerce sur les côtes mentionnées depuis le jour de leur Indépendance, et ils ont un droit absolu à cette navigation et à ce commerce : ils ne peuvent en être privés que de leur propre consentement ou par une convention. (1)

Après les protestations des États-Unis, il nous reste à citer celles de la Grande-Bretagne qui nous inté-

---

1. Les commentaires qui furent faits par les juristes américains du Traité de 1824 après sa conclusion, sont intéressants à connaître. Nous en citerons deux que les auteurs du *Livre bleu* anglais ont jugé utile de reproduire.

Wharton-Digest of International Law. Par cette convention la Russie abandonne sa prétention à une mer fermée, nos frontières avec elle sont reportées bien au nord, et notre commerce avec les Indiens est placé sur un pied d'égalité pour 10 ans avec, après ce terme, possibilité d'une nouvelle entente. L'Angleterre stipulera sûrement, elle aussi, en faveur de la libre navigation dans le Pacifique, mais nous aurons eu le mérite d'avoir pris l'initiative.

Lettres et écrits de James Madison. La convention avec la Russie est un événement heureux puisqu'il évite toute chance de lutte ouverte. Je n'accorde cependant pas beaucoup d'éloges à l'Empereur relativement à son accession au principe de la mer libre dans le Pa-

ressent d'autant plus que la question posée était
celle de savoir si l'Angleterre avait, à une époque
quelconque, reconnu la juridiction de la Russie.

Protestations anglaises.

Lord Londonderry au comte Lieven, 18 janvier
1822 : Au sujet de cet ukase en général, mais surtout
au sujet des deux principes les plus importants qu'il
prétend établir, c'est-à-dire une souveraineté exclusive de la Russie sur les territoires revendiqués et un
droit exclusif de navigation et de commerce dans les
limites fixées, Sa Majesté britannique désire que l'on
comprenne que, réservant tous ses droits, elle n'est
nullement disposée à admettre que ce qui s'est passé
jusqu'ici dans ces mers et sur ces côtes puisse être
considéré comme illicite, ou que des navires de
nations amies, même en supposant qu'une préten-
due souveraineté appartienne à la Couronne Impériale, sur ces vastes territoiresim parfaitement connus, puissent d'après la loi des nations, être repous-

---

cifique nord. Ses prétentions étaient tellement absurdes et en telle
contradiction avec l'opinion du monde maritime qu'il ne pouvait faire
autrement que d'y renoncer sous la forme d'une négociation.

Il est heureux que la politique *prudente*, sinon courtoise de l'Angleterre vis-à-vis de la Russie, nous ait permis de prendre, aux yeux
du public, l'attitude d'une Puissance qui est parvenue à arrêter des
tentatives d'ambitieuse expansion.

sés à une distance de 100 milles et tenus ainsi au large de la côte que le gouvernement russe considère comme étant sous sa souveraineté, ce que le gouvernement de Sa Majesté considère comme une erreur.

Lettre de M. G. Canning au duc de Wellinton plénipotentiaire britannique au Congrès de Vérone, 27 septembre 1822 :

M. G. Canning considère la distance de 100 milles comme une distance sans précédent et comme fermant un passage jusque-là ouvert, et il ajoute : j'ai à la vérité la satisfaction de vous annoncer que dans une conférence que j'ai eue avec le comte Lieven, cette tentative de fermer le passage et d'une souveraineté à une si énorme distance des côtes n'a pas été soutenue. On a seulement fait allusion à un article du traité d'Utrecht qui fixe trente lieues comme distance prohibitive. Mais il suffira de répondre que cette stipulation est dans un traité par lequel la partie intéressée a donné (sagement ou non) son assentiment. Je ne doute point, cependant, que la notification publique de cette prétention de considérer cette partie d'océan comprise entre les côtes d'Amérique et l'Empire russe comme *mare clausum* et d'étendre la juridiction territoriale exclusive à 100 milles de terre, ne soit publiquement abondonnée : le Roi m'a ordonné de faire savoir à Votre Grâce qu'il convient de requérir du ministère russe l'assurance que la Russie ne peut avoir d'autres possessions que celles qui ne sont point déjà reconnues comme possessions des sujets de Sa Majesté britannique.

Lettre du duc de Wellington à M. de Nesselrode 17 octobre 1821 :

Faisant des objections comme nous devons en faire au droit de souveraineté exclusive de la Russie, je n'ai pas à discuter le mode particulier qui a été choisi pour exprimer cette souveraineté dans l'ukase. Mais nous faisons des objections à la forme autant qu'au fond. Nous ne pouvons pas admettre qu'un pouvoir quelconque possédant la souveraineté d'un pays puisse en exclure les navires à une distance de 100 milles.

Lettre du duc de Wellington à M. de Nesselrode 28 novembre 1822 :

Le deuxième point sur lequel nous faisons des objections à l'ukase, c'est que Sa Majesté Impériale entend exclure les autres nations d'une partie considérable des mers ouvertes. Nous soutenons que la prétention d'un semblable pouvoir est contraire au droit international et il nous est impossible de discuter sur la base d'un document par lequel une semblable prétention est ouvertement émise. Nous soutenons qu'aucun pouvoir quel qu'il soit ne peut en exclure un autre de la mer ouverte. Une puissance peut s'exclure elle-même de certaines côtes, mers, etc... par un engagement de sa part, mais ne peut

en être, en droit, exclue par une autre puissance
Nous considérons ce principe comme un principe
de droit international, et nous ne pouvons engager
de négociations sur un document dans lequel est
affirmé un droit allant contre ce principe.

Dépêche de sir Ch. Paget à M. G. Canning,
24 juillet 1824:

Votre Excellence remarquera que seulement deux
points sont considérés par le comte Lieven comme
pouvant donner matière à discussion. Le premier est
relatif au choix de la base des montagnes au lieu de
sommet, comme ligne de démarcation. Le deuxième,
comme le remarque le comte Lieven, est nouveau.
La Russie d'après le projet va devenir souveraine des
deux rives du détroit de Behring. Une puissance qui
a pu sérieusement songer à faire de l'Océan Pacifique
une « *mare clausum* » peut vraisemblablement être
supposée capable de donner le même caractère à un
détroit dont elle possède les deux rives. La ferme-
ture du détroit de Behring ne pourrait être tolérée
par l'Angleterre: nous ne pouvons pas non plus
admettre que nous soyons chassés, soit directement
soit indirectement, d'une mer où nos marins dé-
ploient tant de science et d'habileté et où ils sont, en
tout temps, employés dans des entreprises qui intéressent l'humanité tout entière. La protection accordée par la convention aux côtes américaines peut
être, si vous le jugez utile, étendue formellement à

la côte de la Russie asiatique ; mais, d'une manière ou d'une autre, la libre navigation de la mer de Behring et de la mer au-delà doit nous être assurée.

Dépêche de M. George Canning à M. Stratford Canning, 8 décembre 1824 :

Il nous est relativement indifférent qu'on hâte ou qu'on retarde toutes les questions relatives aux limites des possessions territoriales sur le continent d'Amérique. Mais la prétention de l'ukase russe de 1821 à une domination exclusive sur l'Océan Pacifique ne peut rester plus longtemps admise et va nous obliger à prendre des mesures publiques et effectives contre elle.

Vous prendrez grand soin, par conséquent, d'éviter toute tentative de donner le change au vrai caractère de la négociation et vous déclarerez, sans réserve, que le seul point qui attire toute la sollicitude du gouvernement anglais, et suscite la jalousie de la nation anglaise, est celui du retrait (d'une manière aussi peu désagréable que possible pour la Russie) de l'ukase de 1821.

Le fait que cet ukase n'est pas mis à exécution et que les croiseurs russes ont, depuis longtemps, reçu l'ordre d'en suspendre les prescriptions, est exact : mais un désaveu officieux contre un acte public ne garantit pas suffisamment contre un retour. La suspension de la mise à exécution d'un principe est parfaitement compatible avec l'affirmation maintenue dudit principe, et lorsque nous voyons la Russie réclamer la possession de la côte d'Amérique au sud du 59° degré en s'appuyant sur ce que les nations ont sans doute toutes adhéré à l'ukase publié en 1799 puisqu'aucune remontrance publique n'a été faite contre cet ukase, nous devons éviter, avec le plus grand soin, de risquer que par une semblable négligence il en soit de même de l'ukase de 1821

Le droit qu'ont les sujets de Sa Majesté de naviguer librement dans l'Océan Pacifique, ne doit pas être considéré comme résultant d'une permission accordée par une autre puissance. Ce droit ayant été une seule fois publiquement mis en question, doit être publiquement reconnu.

Nous ne désirons pas qu'il soit fait une allusion spéciale à l'ukase de 1821; mais nous estimons qu'il est nécessaire que notre droit soit clairement et positivement établi; qu'il soit formulé dans la convention, en due place, comme une stipulation formelle, et qu'il n'y apparaisse point comme une conséquence incidente, résultant d'autres arrangements, auxquels nous attachons relativement peu d'importance.

Cette stipulation est au début de la convention avec les États-Unis, nous ne voyons aucune raison pour qu'on ne nous donne pas clairement la même satisfaction.

Pour les mêmes raisons nous ne saurions admettre que la liberté de la navigation dans le détroit de Behring puisse paraître comme étant une concession de la Russie.

L'apparence même d'une telle concession donnerait une base aux prétentions de juridiction exclusive, contre lesquelles, d'accord avec tout le monde civilisé, nous protestons.

Les plénipotentiaires russes ne manqueront pas de remarquer que, par suite de l'adoption de l'article américain relatif à la navigation, la prétention d'un droit de pêche à une distance de deux lieues tombe d'elle-même. Mais cette omission, serait, au fond, sans signification.

La loi internationale accorde la souveraineté exclusive, sur une lieue marine, à toute puissance, le long de ses côtes; et quoique sir Charles Bagot ait été autorisé à signer la convention en spécifiant la distance de 2 lieues, à un moment où on ignorait ce qui avait été décidé pour la convention américaine, maintenant que cette convention est connue de tous, nous ne pouvons consentir, en négociant *de novo*, à une stipulation qui, alors qu'elle est sans aucun intérêt pratique, établirait, entre les États-Unis et nous, une différence à notre désavantage.

On pourrait citer encore d'autres documents se

rapportant aux négociations qui précédèrent la conclusion des traités, et qui sont de nature à bien préciser le sens qu'attachèrent les négociateurs aux
expressions dont ils se sont servis dans la rédaction
de ces instruments diplomatiques : ceux que nous
venons d'analyser nous paraissent suffisamment
probants, sans qu'il soit nécessaire d'en citer davantage, pour adopter la conclusion que soutinrent les
conseils anglais en plaidant que, si la Russie avait
à un moment quelconque exercé une juridiction
exclusive sur la mer de Behring, la Grande-Bretagne
n'avait jamais reconnu le droit revendiqué.

En effet qu'on veuille bien remarquer :

1° Que pas une seule fois, il n'est établi dans les
notes échangées une distinction entre la mer de
Behring et la partie de l'Océan Pacifique qui va de
cette mer au 51ᵐᵉ parallèle ;

2° Qu'à plusieurs reprises, dans les dites notes,
qui toutes furent communiquées à la Russie, on ré-
pète que les protestations se rapportent *aux mers
énumérées dans l'ukase ;*

3° Que dans ledit ukase (section I) le commerce et
la pêche sont interdits sur les côtes du détroit de
Behring au 51° degré, côtes qui comprennent celles
de la mer de Behring elle-même, et (section II) qu'il
est interdit de s'approcher à moins de 100 milles
des côtes et des îles appartenant à la Russie ;

4° Que les articles premiers des deux traités, rédi-

gés *après* que de telles notes eurent été échangées,
stipulent avec toute la clarté désirable que les sujets
des Hautes Parties contractantes pourront naviguer
et pêcher dans tout l'Océan Pacifique, sans qu'il soit
fait aucune exception pour aucune division ou sub-
division quelconque.

On doit admettre que, sans aucun doute, les négociateurs américains et anglais, en rédigeant ces articles, avaient, très nettement, l'intention et la volonté
de rendre libre pour la navigation et la pêche toute
l'étendue de l'Océan Pacifique jusqu'au détroit de
Behring — sauf la restriction d'usage se rapportant
à la zone territoriale ordinaire. — De leur côté, les
négociateurs russes ont certainement donné le même
sens aux termes des articles, puisque la rédaction
définitive ne fut arrètée qu'après l'échange des notes
que nous avons citées (1).

La question, telle qu'elle vient d'ètre exposée, pouvait être considérée comme entièrement résolue,

---

1. Nous estimons qu'on trouve dans le texte même des traités, tel
qu'il fut adopté, à la suite des notes telles qu'elles furent rédigées
pour combattre les prétentions de la Russie, une preuve évidente de
la renonciation de cette puissance au droit qu'elle avait primitivement
revendiqué à une juridiction exclusive sur la mer de Behring et qu'il
est, par conséquent, inutile de citer des documents russes où cette
renonciation est explicitement exprimée. Toutefois deux de ces documents nous ont paru intéressants, et nous les donnons ci-dessous à
titre, pourrait-on dire, de « preuve supplémentaire ».

et le serait en effet si les négociateurs américains n'avaient pas présenté au Tribunal d'autres arguments qu'il nous faut examiner sous peine de paraître négliger une des preuves qu'ils tentèrent d'apporter à l'appui de leur manière de voir (1).

Nous avons vu (p. 84) que le gouvernement des États-Unis a nettement fait plaider et soutenir que la Russie n'avait jamais abandonné son droit exclusif de juridiction sur la mer de Behring, ni sa prétention de tenir les navires étrangers éloignés à au moins 100 milles des côtes de cette mer. Sentant,

---

1. Dépêche du comte de Nesselrode au comte Lieven, 26 juin 1823 : Nos commandants de navires de guerre doivent borner leur surveillance à une zone aussi rapprochée que possible de la terre ferme, c'est-à-dire à une étendue de mer d'une portée de canon : ils ne doivent pas étendre cette surveillance en dehors de la sphère où la Compagnie a effectivement exercé ses droits de chasse et de pêche depuis la date de sa fondation ou depuis le renouvellement de ses privilèges en 1799 : les îles sur lesquelles se trouvent des colonies ou des établissements de la Compagnie sont comprises dans cette règle générale.

Réponse du gouvernement russe au gouverneur Etholin demandant d'exclure les baleiniers de la mer de Behring : Le droit de considérer la partie nord de l'Océan Pacifique comme une mer fermée ne peut se justifier théoriquement. D'après l'article I de la convention de 1824 entre la Russie et les États-Unis, qui est toujours en vigueur, les citoyens américains ont le droit de pêche dans toutes les parties de l'Océan Pacifique. Mais, d'après l'article IV de la même convention, la période de dix ans mentionnée au dit article étant expirée, nous avons le droit d'empêcher les navires américains de pénétrer dans les mers intérieures, les golfes, les hâvres et les baies

probablement que tous leurs arguments à ce sujet
étaient loin d'avoir une valeur indiscutable les conseils des États-Unis essayèrent d'établir une distinction dans les termes des articles premiers des traités
entre les mots « juridiction exclusive sur la mer de
Behring » et les mots « droit exclusif sur les pêcheries de phoques dans cette mer » (texte de la première question), ou « droit de juridiction en ce qui
concerne les pêcheries de phoques » (texte de la
deuxième question).

On lit en effet dans le plaidoyer américain :

« La Russie n'a jamais, à aucune époque, antérieu-
« rement à la cession de l'Alaska aux États-Unis,
« réclamé de juridiction exclusive sur la mer connue
« actuellement sous le nom de mer de Behring, au
« delà de ce qu'on appelle communément les eaux
« territoriales. Mais en tout temps, depuis 1821, elle
« revendiqua et exerça rigoureusement un droit ex-
« clusif sur les pêcheries de phoques dans la dite
« mer, comme aussi elle revendiqua et exerça rigou-
« reusement le droit de protéger ses industries dans

---

pour y pêcher ou y trafiquer avec les naturels. Telle est la limite de
nos droits et nous n'avons nullement le pouvoir d'empêcher les navires américains de prendre des baleines en pleine mer.

En 1846 le gouvernement écrivait au gouverneur général : Nous
n'avons pas le droit d'exclure les navires étrangers de cette partie
de l'Océan Pacifique qui sépare la côte est de Sibérie du rivage nord-
ouest de l'Amérique.

« les dites pêcheries et ses intérêts exclusifs dans
« d'autres industries établies et conservées par elle
« sur les îles et rivages de la dite mer, ainsi que la
« jouissance exclusive du commerce avec ses établis-
« sements coloniaux dans les îles et rivages susdits,
« en édictant des règlements prohibitifs interdisant
« à tous les navires étrangers, sauf dans certains cas
« spécifiés, de s'approcher des îles et rivages susdits
« à moins de 100 milles. »

Nous devons rechercher quelle est la valeur de cette argumentation.

Les mots « phoques » « pêcheries de phoques » « droits exclusifs sur les pêcheries » ne sont pas prononcés une seule fois ni dans l'ukase, ni dans les traités, ni dans les négociations préliminaires. La pêche sur les îles Pribilof avait cependant déjà acquis un énorme développement. De 1801 à 1804 la Compagnie russo-américaine se procura plus de 800.000 peaux. En 1806, Rezenoff, qui visita les îles, constate que les animaux sont tués sans distinction d'âge ni de sexe, qu'on en a abattu 20.000 pour la chair et plus d'un million pour les peaux. De 1820 à 1823 on en tuait, annuellement 50.000. Certainement ces faits n'étaient ignorés, ni des négociateurs, ni des diplomates qui préparaient la conclusion des traités, pas plus que ne l'étaient ceux se rapportant aux mœurs des phoques, déjà très suffisamment connues.

Est-ce volontairement, et d'un commun accord

qu'il ne fut point question des pêcheries de phoques ?
Est-ce parce que les termes des traités semblaient
suffisamment réserver les droits de la Russie sur ces
animaux, qu'en 1824, on ne poursuivait pas encore
en pleine mer ? Il est à peu près impossible de
répondre.

La seule chose qu'on puisse affirmer c'est que ceux
de ces droits qui pouvaient avoir un caractère exceptionnel ne furent pas réservés par la Russie puisque
cette puissance reconnut le droit de *pêche* dans toutes les mers sur lesquelles elle abandonnait, défini-
tivement et formellement toute juridiction exclusive.

L'ordre donné aux navires de guerre de restreindre leur surveillance aux eaux territoriales semble
bien, en tous cas, indiquer que la Russie n'entendait
pas se réserver de droits exclusifs, en dehors des
droits ordinaires.

Sur le premier point, c'est-à-dire sur les preuves
qu'on pourrait tirer des textes et des négociations,
les arguments des Américains paraissent donc sans
valeur.

En est-il de même des arguments fondés sur un
usage ininterrompu de 1825 à 1867, année de la cession de l'Alaska aux États-Unis ?

Les conseils de la Grande-Bretagne ont compris
qu'à ce point de vue la discussion présentait de l'intérêt et ils se sont efforcés d'établir que, pendant
toute cette période, la Russie qui (à leur avis) avait

renoncé à ses droits en principe ne les a jamais, non plus, exercés en fait.

La question était d'autant plus importante pour la cause, qu'un des arbitres américains, le sénateur Morgan, faisait nettement valoir la prescription dans les conclusions qu'il présentait au Tribunal. Aussi trouvons-nous, dans le *Livre bleu*, un long historique, occupant tout un chapitre, sous le titre : *Usage des eaux en question de* 1821 *à* 1867.

Les faits sont exposés chronologiquement et année par année : on essaie de donner, sinon la liste exacte, du moins le total du nombre des navires qui ont fréquenté la mer de Behring et la côte du nord-ouest dans cette période. Il est établi qu'à partir de 1840 les baleiniers commencèrent à pêcher dans la mer de Behring. Il s'en présente 250 en 1849, 520 en 1856, de 600 à 700 en 1857.

Les statistiques des armements de baleiniers prouvent, en résumé, que la pêche fut surtout active de 1843 à 1860 et qu'à partir de cette dernière date, devenant de moins en moins fructueuse, elle fut, graduellement, abandonnée. Pendant toute cette période, d'après les avocats anglais, il serait impossible de citer un seul cas où la Russie se soit opposée à la libre navigation et à la pêche en mer ouverte, et les ordres donnés à ses croiseurs furent toujours de surveiller les baleiniers dans les hâvres et les golfes et à trois milles du rivage seulement.

Les Américains prétendirent que beaucoup des navires signalés dans le mémoire de la Grande-Bretagne, n'avaient trafiqué que sur la côte nord-ouest, ouverte, pendant dix ans, d'après les traités aux bâtiments des deux nations : ils durent cependant reconnaître, qu'à partir de 1835, la plupart des navires fréquentèrent la mer de Behring elle-même ; mais ils soutinrent que c'était en violation de la loi russe et ils donnèrent pour preuve à l'appui de leur manière de voir (1) la façon dont fut traitée par le gouvernement des États-Unis l'affaire de la saisie du *Loriot,* par un croiseur russe à Tuekessan (54° 55' N.) en 1836 ; (2) une proclamation du gouvernement américain en 1845, et (3) une réponse du

---

1. Affaire du *Loriot* : Cette affaire est exposée tout différemment par les deux parties : Les conseils des États-Unis disent : que le *Loriot* fut saisi au moment où le gouvernement américain était avisé que les privilèges consentis pour dix ans avaient pris fin et pendant qu'à Washington, on tentait de les faire renouveler.

2. Le gouvernement de Washington fit publier en 1845 à la requête de la Russie un avis informant les armateurs américains de l'interdiction faite par le gouvernement russe à tout étranger de se livrer au commerce sur la côte.

3. Sur les instances d'Étholin, gouverneur de l'Alaska, qui demandait à ce que la mer de Behring fût interdite aux navires baleiniers et après avoir d'abord répondu que les lois internationales s'opposaient à cette interdiction, le gouvernement de Saint-Pétersbourg réunit une commission qu'il chargea d'examiner l'affaire. Cette commission, composée de fonctionnaires de la marine, conclut que « si la

gouvernement russe au gouverneur Étholin en 1842.

La saisie avait été faite par 54° 55' c'est-à-dire juste au-dessus de la limite fixée dans le traité : tout d'abord les États-Unis protestèrent, mais, par la suite, ils auraient été obligés de reconnaître la régularité de la saisie et d'abandonner leurs réclamations.

Les Anglais, de leur côté, citèrent une partie de la correspondance échangée, d'où il résulterait que le gouvernement de Washington a prétendu que, d'après les prescriptions du droit international, les privilèges accordés aux navires américains par l'article 4 du traité de 1824, subsistaient, même après l'expiration des dix années mentionnées au dit article. M. Dallas écrit en effet au comte de Nesselrode (23 février 1838) : Il est certain que l'article 1ᵉʳ du traité auquel se réfèrent les propriétaires du *Loriot* assure aux citoyens des États-Unis, la liberté entière de la navigation dans l'Océan Pacifique aussi bien que le droit de débarquer sur tout point de la côte nord-ouest d'Amérique non encore occupé. Et dans une autre note du 5 mars 1838 : Les

---

Compagnie russo-américaine voulait faire la dépense de l'armement et de l'entretien d'un croiseur, celui-ci serait mis à sa disposition. D'après Bancroft qui cite le fait dans son *Histoire de l'Alaska*, l'absence de protection dans la mer de Behring ne peut donc pas être attribuée à ce que la Russie estimait avoir perdu son droit à cette protection par les traités de 1824 et 1825.

droits des citoyens américains sont basés sur la loi des nations et ne peuvent être abrogés ni diminués si ce n'est avec leur consentement.

Ces arguments sont-ils de nature à prouver que la Russie n'aurait pas abandonné tout droit exclusif sur les pêcheries de phoques ?

Nous ne le pensons pas. On peut sans doute discuter et discuter longuement en invoquant le texte de notes diplomatiques, de mémoires et de contre-mémoires échangés, la saisie d'un navire, la forme qu'a pu prendre la protestation des États-Unis ; etc., il n'en reste pas moins évident, que les articles premiers des deux traités reconnaissent aux sujets des Hautes Parties contractantes, le droit de *pêche* sur toute une étendue de mer comprenant (nous l'avons démontré) dans l'esprit des négociateurs, la eaux de la mer de Behring et rien ne peut prévaloir contre cette stipulation, formellement reconnue, admise et signée par la Russie.

Nous conclurons donc en résumé : *que la Russie qui avait affirmé par l'ukase de 1822 sa souveraineté sur les côtes du continent américain du 51° parallèle au détroit de Behring, et son droit d'empêcher les navires d'approcher à moins de 100 milles de ces côtes, — qui comprennent celles de la mer de Behring — a ensuite nettement et clairement renoncé à toute juridiction exclusive, quelle qu'elle fût, sur la mer de Behring, par les Traités de 1824 et de 1825,* ce qui revient à dire, en employant les termes des questions posées aux arbitres : que si la Russie a revendiqué une juridiction sur la mer de Behring et un droit exclusif sur les pêcheries de phoques dans cette mer, la Grande-Bretagne n'a jamais reconnu ni concédé ces droits à la Russie, en dehors des eaux territoriales ordinaires.

La thèse contraire, soutenue par les Américains, ne le fut pas à l'unanimité de leurs conseils : un des arbitres des États-Unis, M. Justice Harlan, est très nettement de l'avis opposé, c'est-à-dire admet la conclusion à laquelle nous sommes parvenu. Il écrit en effet, — page 98 du mémoire qu'il remet au Tribunal — : La Grande-Bretagne et la Russie en rédigeant l'article 1 du traité de 1825 par lequel ces puissances convenaient que leurs sujets respectifs ne seraient ni molestés ni troublés, en aucune partie du Grand Océan communément appelé Océan Pacifique, soit pour y naviguer soit pour y pêcher, entendaient-elles que cet article serait applicable à la mer de Behring ? L'un ou l'autre de ces gouvernements au moment où les négociations furent engagées ou quand le traité fut conclu, considérait-il la mer de Behring comme étant en dehors de l'Océan communément appelé Océan Pacifique ? D'après le terrain sur lequel se plaça la Grande-Bretagne pour maintenir fermement ses objections à l'ukase de 1821 est-il à présumer ou à supposer qu'elle avait l'intention de recon-

naître que l'ukase restait en vigueur relativement
à la mer de Behring et qu'elle ait pu reconnaître, par
là, le droit de la Russie d'interdire aux navires de
s'approcher à moins de 100 milles des côtes de cette
mer. Il me semble qu'on doit répondre négativement
à ces questions.

Et plus loin — page 108 du même mémoire —: A
mon avis il est de toute évidence que les mots Océan
Pacifique dans le traité de 1825, comprennent et
qu'il était de l'intention de la Russie et de la Grande-
Bretagne qu'ils comprissent les eaux de la mer de
Behring « comme une partie du Grand Océan communément appelé Océan Pacifique ».

Nous pourrions considérer l'exposé que nous venons de faire dans ce chapitre de la première partie
de notre thèse comme suffisant et la conclusion que
nous avons admise comme étant une réponse complète aux questions qui avaient été posées aux Arbitres, puisque, comme nous l'avons vu, (page 47)
aucune objection ne fut soulevée relativement à la
4ᵉ question ainsi conçue : Tous les droits de la Russie en ce qui concerne la juridiction et en ce qui concerne les pêcheries de phoques dans la partie de la
mer de Berhing qui s'étend à l'Est de la limite maritime déterminée par le traité du 30 mars 1867, entre
les États-Unis et la Russie sont-ils passés intégralement aux États-Unis en vertu de ce même traité?

Mais comme toutefois les avocats anglais ont paru craindre qu'il fût fait état, par le Tribunal, de quelques remarques présentées par les conseils américains au sujet des règlements adoptés par les États-Unis, *après* l'acquisition de l'Alaska, pour la protection des pêcheries de phoques et ont jugé utile d'examiner avec quelques détails ce point de vue particulier de la cause, nous pensons devoir faire connaître brièvement leur argumentation à laquelle du reste le gouvernement de Washington paraît avoir attaché peu d'importance puisqu'il n'y fut pas répondu dans le contre-mémoire (1).

Ces arguments furent présentés sous les deux formule suivantes :

1. Quels droits furent acquis par les États-Unis par le traité de 1867 ?

2. En quoi a consisté « l'action » des Etats-Unis de 1867 à 1886 (date de la première saisie de navires anglais) ?

Les conseils de la Grande-Bretagne établirent d'abord que, dans le texte du traité lui-même, il

---

1. Nous avons fait connaître (p. 4˝) les principaux actes législatifs promulgués par le Congrès après la cession de l'Alaska ; nous y renvoyons le lecteur pour les détails. Il nous suffira de les résumer ici comme suit : 1ᵘ Les îles Saint-Paul et Saint-Georges, — îles Pribilof — sont déclarées « territoires réservés » du gouvernement; 2° l'exploitation du troupeau de phoques à fourrure fréquentant ces îles, est strictement et légalement réglementée.

n'est nulle part question de juridiction soit spéciale soit exclusive mais seulement de souveraineté sur le *territoire*, le *continent*, les *îles contiguës* : que la « limite maritime » est définie comme étant tracée « de manière à enclaver dans le dit *territoire* » toutes les *îles Aléoutes*: qu'il y avait des raisons d'adopter une limite maritime à causes des incertitudes relatives à la position géographique de certaines îles ; qu'on a bien la preuve qu'il s'agissait seulement de partager les îles entre les deux nations dans le fait que la ligne-limite remonte dans l'Océan glacial arctique que jamais la Russie n'a considéré comme pouvant faire partie de ses possessions : Ils citent de plus, tous les débats du congrès où il fut question de l'Alaska et établissent que pas un des orateurs n'a fait allusion à une juridiction en haute mer.

Envisageant ensuite le deuxième point qu'ils veulent examiner « Action des États-Unis » les auteurs du *Mémoires* anglais et du *Livre bleu* présentés au parlement citent les textes des lois américaines promulguées après 1867 et font remarquer que lorsque la chasse et la pêche sont légalement interdites elles le sont sur le territoire et dans les eaux adjacentes. Ils citent ensuite, fort longuement les instructions générales et particulières et les ordres de services rédigés par le secrétaire d'État chargé de l'administration de l'Alaska et démontrent qu'il est toujours et uniquement question, dans ces documents, de territoires et d'eaux territoriales, sans qu'aucune allusion soit jamais faite à une juridiction spéciale plus étendue en haute mer. Ils font en outre remarquer, qu'à plusieurs reprises, il est question de l'impossibilité, d'après le droit international, d'exercer une répression contre des tentatives faites par des étrangers pour capturer des phoques à fourrure en haute mer : Ils démontrent également qu'aucune saisie de navire, pêchant au large, ne fut faite avant 1866 quoique la pêche pélagique fût déjà pratiquée depuis plusieurs années par des bâtiments tant anglais qu'américains. Enfin ils concluent que: de 1867 à 1886 « l'action » exercée par les États-Unis dans la mer de Behring fut telle qu'on peut en inférer que le gouvernement américain ne réclamait aucun autre droit que le droit territorial ordinaire.

Nous avons cru utile de porter à la connaissance du lecteur ces arguments des conseils de la Grande-Bretagne sur un point particulier de la question : mais, ainsi que nous l'avons fait remarquer, cette dernière partie de notre exposé a plutôt un caractère documentaire, puisque les États-Unis ne cherchèrent pas à discuter sur ce point spécial de la cause.

Il nous reste à donner le texte complet des sentences rendues par les Arbitres, sentences qui furent de tous points celles que nous aurions rendues nous-même si nous avions eu à juger :

1° Sur le premier des cinq points susdits, Nous Arbitres susnommés, le baron de Courcel, le Juge Harlan, Lord Hannen, sir John Thompson, le marquis Visconti Venosta, et M. Gregers Gram constituant la majorité des arbitres, décidons et prononçons ce qui suit :

Par l'ukase de 1821, la Russie a revendiqué des droits de juridiction, dans la mer connue aujourd'hui sous le nom de mer de Behring jusqu'à la distance de 100 milles italiens au large des côtes et îles lui appartenant ; mais, au cours des négociations qui ont abouti à la conclusion des Traités de 1824 avec les États-Unis et de 1825 avec la Grande-Bretagne, elle a admis que sa juridiction dans la dite mer serait limitée à une portée de canon de la côte ; et il apparaît que, depuis cette époque jusqu'à l'époque de la cession de l'Alaska aux États-Unis, elle n'a jamais affirmé en fait ni exercé aucune juridiction exclusive dans la mer de Behring, ni aucun droit exclusif sur les pêcheries de phoques à fourrure dans la dite mer ; au delà des limites ordinaires des eaux territoriales.

Sur le second des cinq points susdits, Nous, Arbitres susnommés (ici les mêmes noms) constituant la majorité des Arbitres, décidons et prononçons que la Grande-Bretagne n'a reconnu ni concédé à la Russie aucun droit à une juridiction exclusive sur les pêcheries de phoques dans la mer de Behring, en dehors des eaux territoriales ordinaires.

Sur le troisième des cinq points susdits et quant à la partie du dit troisième point où Nous est soumise la question de savoir si l'espace de mer aujourd'hui connu sous le nom de mer de Behring était compris dans l'expression Océan Pacifique telle qu'elle a été employée dans le texte du traité de 1825 entre la Grande-Bretagne et la Russie, Nous, Arbitres susnommés, décidons et prononçons à l'unanimité que l'espace de mer aujourd'hui connu sous le nom de mer de Behring était compris dans l'expression Océan Pacifique, telle qu'elle a été employée dans le dit traité.

Et quant à la partie du dit troisième point d'après laquelle Nous avons à décider quels droits, si droits il y avait, la Russie a possédés et exclusivement exercés après le traité de 1825, Nous, Arbitres susnommés (ici les mêmes noms qu'au premier point) constituant la majorité des Arbitres, décidons et prononçons que la Russie n'a possédé ni exercé, après le traité de 1825, aucun droit exclusif de juridiction dans la mer de Behring ni aucun droit exclusif sur les pêcheries de phoques dans cette mer, au delà de la limite ordinaire des eaux territoriales.

Sur le quatrième des cinq points susdits, Nous, Arbitres susnommés, décidons et prononçons à l'unanimité que tous les droits de la Russie, en ce qui concerne la juridiction et en ce qui concerne les pêcheries de phoques, dans la partie de la mer de

Behring qui s'étend à l'est de la limite maritime déterminée par le traité du 30 mars 1867 entre les États-Unis et la Russie, sont intégralement passés aux États-Unis en vertu de ce même traité.

CHAPITRE V

Propriété et protection du troupeau de phoques à fourrure des îles de la mer de Behring (îles Pribilof).

Les conseils des deux parties ont présenté des arguments pour et contre relativement à la propriété du troupeau de phoques des îles Pribilof : on a, de même, traité compendieusement, surtout du côté américain, les questions relatives au droit que le gouvernement des États-Unis pouvait avoir de protéger ce troupeau lorsque les animaux qui le composent ont quitté les îles et les eaux territoriales qui en dépendent. Nous consacrerons ce chapitre à l'examen de ces deux points sur lesquels nous ferons connaître notre manière de voir.

Propriété. — Les commissaires américains avaient tout intérêt à essayer de démontrer que les phoques à fourrure peuvent être considérés comme des animaux domestiques, car, dans ce cas, le droit de leurs concitoyens à la propriété de ces animaux, avec toutes les conséquences de ce droit de propriété, devenait évident : Les conseils anglais, au contraire,

avaient intérêt à soutenir que les phoques à fourrure sont des animaux sauvages, au sujet desquels
le propriétaire du sol occupé peut légiférer, mais qui
deviennent *res nullius* dès qu'ils pénètrent dans les
régions communes à toutes les nations, de la mer
ouverte.

En lisant les mémoires et contre-mémoires où sont
exposées les théories soutenues à ce sujet par les deux
parties, nous avons été très frappé du fait que les
arguments de discussion furent uniquement tirés des
textes du droit romain dont les définitions furent
adoptées sans aucun changement, et que sauf dans
deux ou trois cas, il ne fut pas fait allusion à des
arrêts de jurisprudence moderne.

Cependant, au cours de l'évolution des sociétés,
depuis le temps de Justinien, la conception que
l'homme se faisait de ses rapports avec les animaux
s'est profondément modifiée, en même temps, du
reste, que se modifiaient, non moins profondément,
ses idées sur ses rapports avec ses semblables (esclavage des prisonniers de guerre, jeux du cirque, etc.).

Par exemple, quelques nouvelles espèces ont été
domestiquées, les découvertes faites dans différentes
branches de l'histoire naturelle, ont permis de « cul-
tiver » d'autres espèces ; l'industrie de l'élevage en
quasi-liberté, inconnue des anciens, s'est créée et a
été légalement règlementée etc., etc...

Sans doute les principes établis par les célèbres

jurisconsultes dont les idées dominent encore l'Ecole, sont et seront toujours, sur ce point comme sur tout autre, la base inébranlable de la science du Droit ; mais tout en rendant justice aux hommes éminents qui défendaient devant le Tribunal d'Arbitrage, les intérêts des deux grands pays, n'est-il pas permis de penser qu'ils ont eu tort de s'en tenir à l'interprétation littérale de textes se rapportant à un état social disparu, alors qu'ils pouvaient élever la question et l'envisager dans son ensemble telle que l'ont faite les conditions de la société moderne.

L'affaire des Pêcheries de l'Alaska dont la presse s'occupait, avec passion des deux côtés de l'Atlantique, dont l'opinion publique s'était vivement émue, avait revêtu, à un moment donné, un caractère d'extrême gravité, puisqu'une guerre, dont les conséquences auraient été incalculables, avait failli en résulter. N'était-ce point le cas, alors que des intérêts aussi considérables étaient en jeu, d'exposer au Tribunal autre chose que l'application à des amphibies marins, des textes du droit romain? et l'occasion ne se présentait-elle pas, toute naturelle, de traiter le sujet *en professo* en un Mémoire distinct et complet où auraient été établis et discutés les principes mêmes de la propriété des animaux telle qu'elle doit être conçue à notre époque par des juristes modernes tenant compte, dans leur argumentation et leurs conclusions, des conditions de la vie sociale actuelle?

Ni les représentants des États-Unis, ni ceux de la Grande-Bretagne, n'ont plaidé en se plaçant à ce point de vue. On doit le regretter, car, avec leur indiscutable compétence et ayant en leur possession les documents nombreux qu'ils avaient sans doute recueillis pour leur thèse et soutenant nécessairement deux avis différents, ils auraient pu donner à la Science, un ouvrage de haute valeur.

Nous n'avons certes point la prétention d'annexer à notre modeste travail le *Traité spécial* que les jurisconsultes anglais et américains n'ont pas jugé utile de rédiger, mais nous avons pensé qu'il serait peut-être intéressant de présenter quelques brèves considérations sur l'ensemble de la question de *la Propriété des animaux* à notre époque : nous appliquerons ensuite aux phoques à fourrure les conclusions auxquelles notre étude nous aura amené.

En principe on peut dire que l'homme est capable de se rendre maître de tous les animaux dont les innombrables espèces constituent la faune de notre planète. A son gré il peut capturer les formes colossales de cétacés qui vivent au milieu des océans, et, de même, il peut, dans ses laboratoires, conserver vivants les organismes microscopiques que les inventions de l'optique moderne lui ont permis de découvrir.

Cependant, au cours de son histoire, il n'a réellement soumis à sa domination, d'une façon complète et permanente, qu'un très petit nombre d'espèces. On leur a donné le nom *d'espèces domestiques*, en dénommant au contraire *espèces sauvages* toutes les autres formes qui ont conservé leur liberté. Cette répartition en deux grands groupes n'est pas absolue, tant s'en faut, car l'homme parvient, avec plus ou moins de peine, à domestiquer des *individus isolés* d'un très grand nombre d'espèces sauvages : mais on se sert alors d'un autre terme pour désigner ces individus isolés, en disant que leur possesseur les a *apprivoisés* et comme, dans certains cas, ces individus, capturés à l'état sauvage, sont suffisamment domptés pour perdre entièrement tout désir de reprendre leur liberté, comme de plus l'homme utilise leurs services, il existe en réalité, des animaux sauvages domestiqués.

Il en résulte qu'il est, non seulement très difficile mais à peu près impossible de donner une définition générale, s'appliquant à tous les cas, de ce qu'il faut entendre par « animaux domestiques » et « animaux sauvages ». On le comprendra sans peine, du reste, si on tient compte de l'extrême complexité des rapports qui se sont établis, depuis les origines, entre l'homme et les animaux, rapports qui diffèrent radicalement suivant les mœurs des espèces, leur genre de vie, leurs instincts, le degré de leur intelligence, et, de plus, suivant l'utilisation que l'homme entend faire, soit de leurs services soit de leurs dépouilles.

En entreprenant l'étude de ces rapports, nous nous sommes aperçu que les quelques considérations que nous désirons exposer gagneraient beaucoup en clarté si nous raisonnions sur des sujets concrets plutôt qu'en thèse générale. Scientifiquement, il est vrai, notre exposition sera moins correcte, puisque, dans l'école, on doit plutôt envisager des définitions générales pouvant s'appliquer à tous les cas particuliers ; mais les faits eux-mêmes présenteront peut-être un certain intérêt, et dans nos conclusions, du reste, nous essaierons de tirer de notre examen, des principes d'ensemble et théoriques.

Nous examinerons d'abord les animaux domestiques dont les espèces, comme nous l'avons dit, ne sont pas très nombreuses, et nous envisagerons ensuite les animaux sauvages, du moins, les espèces dont la vie psychique est assez développée pour que l'homme puisse parvenir à en apprivoiser des « individus isolés ». Dans chaque groupe nous rechercherons quelles règles doivent être admises relativement à la constitution de la propriété de l'animal par l'homme.

ESPÈCES DOMESTIQUES

Si on dresse une liste complète de ces espèces et qu'on l'examine, on s'aperçoit, du premier coup d'œil, qu'elles sont, si on peut s'exprimer ainsi, domestiquées à des degrés très divers. Rien ne nous dit, de plus, que cette liste dressée aujourd'hui et dans l'état actuel de la civilisation soit définitive. Il faut remarquer, en effet, que nous ne savons pas ce que sera l'avenir pour d'autres formes, vivant maintenant à l'état sauvage, et que l'homme pourra parvenir à soumettre à son action. Suivant les mœurs et les instincts de celles qu'il parviendra à domestiquer, les résultats seront extrêmement différents. Ce qui est certain, c'est qu'on commence à se préoccuper, plus qu'on ne le faisait jusqu'ici, non seulement de protéger les espèces en voie de disparition, mais d'acclimater, en dehors de leur pays d'origine, et d'apprivoiser les formes agréables ou utiles et que rien ne permet de préjuger qu'on ne parviendra pas à augmenter le nombre des espèces soumises.

Quoi qu'il en soit, en nous bornant à envisager les faits actuels, il nous a paru qu'on pouvait répartir en trois catégories distinctes, les espèces qu'on considère aujourd'hui comme espèces domestiques.

Ces trois catégories seraient les suivantes:

Espèces domestiques proprement dites;

Espèces domestiques captives;

Espèces ralliées.

Première catégorie : *Espèces domestiques
proprement dites.*

Les espèces que nous réunirons sous cette dénomination sont les suivantes :

Chien ;

Troupeaux ;

Cheval ; âne ; leurs hybrides ;

Porc ;

Chat ;

Chameaux ;

Lamas ;

Daims ;

Rennes ;

Oiseaux de basse-cour.

La domestication d'un certain nombre de ces espèces remonte tout à fait aux origines puisqu'on sait de façon positive, que les habitants des cités lacustres avaient domestiqué le porc et que même il y a toutes raisons de croire que l'homme néolithique, de l'âge des cavernes, savait utiliser le renne. Quelques-unes d'entre elles, au contraire, (dindon, pintade) sont de domestication tout à fait récente.

Pour les unes, nous connaissons la souche sauvage ancestrale (coq, etc.) ; pour d'autres cette souche nous est inconnue (chameau, etc.) ; pour d'autres enfin, (chien, etc.) on discute la question de savoir si les formes actuelles ne sont pas le résultat de croisements de différentes espèces ou variétés sauvages séparément domestiquées par des groupes ethniques eux-mêmes séparés.

Toutes ces espèces ont les caractères communs suivants :

L'homme pourvoit à leur subsistance : il règle, à son gré, leur reproduction et crée, dans chacune d'elles, lorsqu'il le désire des races ou variétés fixes et stables ; enfin toutes vivent dans une liberté relative et toutes manifestent « cet esprit de retour » *animus revertendi* par lequel les jurisconsultes romains définissaient la domestication en général. On ne peut pas dire que tous les individus de ces espèces connaissent l'homme sous la domestication duquel ils se trouvent, mais aucun ne fuit l'homme, et tous lui obéissent lorsqu'il les rappelle pour les nourrir ou les utiliser. Enfin, et c'est là un fait important, les jeunes, autant que nous en pouvons juger, héritent des instincts, ou si l'on aime mieux, des habitudes, qui rattachent leurs parents à l'homme, comme ils héritent des particularités physiques que les éleveurs ont développées chez eux.

Il est difficile de préjuger ce qui adviendrait de ces différentes formes animales si l'homme cessait de s'en occuper. Ils ont certainement perdu une partie des instincts qui étaient indispensables à leurs ancêtres pour se défendre contre leurs ennemis naturels (1), et il n'est pas certain qu'ils aient conservé suffisamment de ceux qui leur sont nécessaires pour trouver leur nourriture, du moins lorsqu'il leur faudrait, par exemple, effectuer des déplacements importants pour la rechercher. On peut citer, à ce sujet, le fait relativement récent, de grands élevages de bœufs, de chevaux et de moutons, vivant, presque à l'état de liberté, dans des espaces non clos. Mais ces immenses troupeaux ne sont pas entièrement livrés à eux-mêmes, et, en tous cas, ou bien l'homme détruit-il autant qu'il le peut, leurs ennemis naturels, ou bien a entrepris ces élevages avec des animaux importés dans des régions où ces ennemis n'existent pas. On ne peut donc rien conclure, positivement, de cet exemple particulier. Ce qui paraît le plus probable, c'est, qu'abandonnés à eux-mêmes, la plupart des espèces de cette catégorie disparaîtraient plus ou moins rapidement.

Nous n'avons pas à entrer dans le détail des faits relatifs à la « propriété » des espèces domestiques proprement dites dont il est ici question. Dans tous les groupements humains des lois positives ou des

---

1. Les races de chiens à oreilles tombantes, fort nombreuses, ne pouvant plus, comme leurs congénères sauvages, diriger le pavillon de l'oreille du côté d'où vient le danger, seraient probablement rapidement détruits. On pourrait citer beaucoup d'autres cas analogues.

coutumes séculaires très strictement suivies, règlent cette propriété.

Le seul cas non prévu, tout au moins par beaucoup de législations, serait celui d'animaux redevenus suffisamment sauvages (animaux marrons) pour que le propriétaire primitif soit inconnu. Ce cas est rare dans notre état de civilisation. Il s'est produit cependant, dans quelques pays peu peuplés où des animaux jadis domestiques ont complètement repris la vie sauvage et fuient l'homme. On peut raisonnablement admettre que ces « animaux marrons » devraient être considérés par le juge comme « res nullius », c'est-à-dire dans l'hypothèse où nous nous plaçons comme des animaux de chasse.

2ᵉ Catégorie. *Espèces domestiques captives* :

Nous classons dans cette catégorie les espèces suivantes ;

Lapin ;

Furet ;

Autruche ;

Dorade de Chine (Poisson rouge) ;

Oiseaux de volière se reproduisant en cage ;

Vers à soie.

On pourrait être tenté de discuter la question de savoir si ces animaux rentrent bien dans la catégorie des espèces domestiques, car si l'homme ne les maintient pas en captivité, ils ne manifestent pas l'esprit de retour proprement dit, et, au contraire, s'enfuient dès qu'ils en trouvent la possibilité. Il est cependant difficile de ne point les considérer comme domestiques, puisque l'homme est obligé de subvenir à leur subsistance, qu'il en règle la reproduction à son gré et peut créer des variétés et des races, que pour plusieurs d'entre elles, même, la souche ancestrale a complètement disparu (furet, dorade, serin) et qu'enfin, ils disparaîtraient si l'homme cessait de les maintenir en captivité. Nous estimons donc qu'il convient de les classer parmi les animaux domestiques.

Le fait de leur « propriété », pendant qu'ils sont captifs, ne peut soulever, en principe, que des questions de droit commun.

Il n'en est plus de même, non seulement en théorie, mais dans la pratique, s'ils s'enfuient et sont capturés (avant d'être devenus marrons car alors ils rentrent dans le cas ci-dessus examiné) par un autre que leur propriétaire primitif. A notre avis, on doit admettre, comme règle absolue, qu'ils restent toujours la propriété de celui qui les a élevés, à charge par lui, bien entendu, de dédommager le capteur de ses peines et soins. Il pourrait, en effet, difficilement être admis que celui qui a fait naître l'animal dans l'enclos choisi par lui et où il l'a retenu captif, qui l'y a élevé et nourri, n'en reste pas le légitime pro-

priétaire jusqu'au moment où il, s'en sépare par un
acte de sa libre volonté. L'animal lui appartient au
même titre que tout autre produit de son industrie
et de son travail. La différence, quelque considérable
qu'elle soit, qui existe entre les espèces domestiques
proprement dites et les espèces captives, du fait que
ces dernières ne manifestent pas « l'esprit de
retour » ne saurait suffire pour que, au point de vue
de la propriété, elles puissent être traitées suivant un
principe différent.

Il semblerait, du reste dangereux, aujourd'hui, de
considérer comme animaux domestiques exclusivement ceux qui manifestent « l'esprit de retour », surtout si l'on prend cette expression dans son sens lit-
téral.

En effet les immenses troupeaux de bœufs et de
chevaux qui vivent à l'état de liberté presque complète dans des espaces souvent non clos — et on
pourrait y ajouter les rennes des tribus laponnes —
arrivent rapidement à redouter la présence de
l'homme et à le fuir. Lorsqu'on veut les réunir pour
les marquer, en régler la reproduction et utiliser le
croît du troupeau, il devient nécessaire de les chasser
comme de véritables animaux sauvages ; et, cependant, ces deux mêmes espèces, vivant dans les conditions ordinaires de contact avec l'homme, peuvent
être considérées comme le type des espèces domestiques proprement dites. Le critérium de l'*animus*

revertendi, ne leur est plus strictement applicable et cette circonstance de fait est de nature à nous faire réfléchir sur l'application trop absolue de ce principe. On verra du reste que nous ne proposons pas une définition générale de la domestication.

Quoi qu'il en soit nous estimons, comme on vient de le voir, que les animaux domestiques captifs, quand ils se sont enfuis, restent la propriété du propriétaire primitif tant qu'ils peuvent être considérés comme n'étant pas redevenus sauvages (marrons).

Il nous reste, à propos des animaux de cette catégorie, à dire quelques mots des poissons et crustacés en état de stabulation, et des quelques espèces de mollusques qu'on réunit dans des parcs ou des espaces de mer appropriés.

A la vérité, pour ces formes, toutes aquatiques, l'homme n'intervient pas toujours en ce qui a trait à la nourriture, puisque, dans la règle, celle-ci se trouve dans le milieu ambiant, mais il intervient pour l'aménagement des enclos et peut s'il le désire régler la reproduction et créer des variétés ou des races.

Pour les mollusques à l'état adulte, comme ces organismes vivent fixés et sont incapables de mouvements de translation volontaires, des questions de droit commun seulement peuvent se présenter. A leur état larvaire, répandus dans la masse des eaux, ils cessent d'être soumis en quoi que ce soit à l'action de l'homme et ne peuvent, en cet état, constituer une « propriété » que s'ils se trouvent dans le parc ou l'enclos aménagé par le propriétaire des adultes ; et encore faudrait-il prouver qu'ils ne sont pas venus de l'extérieur.

Il en est de même des crustacés et des poissons vivant dans des viviers ou des étangs fermés. Mais si les étangs sont traversés par des cours d'eau appartenant à d'autres qu'au propriétaire de l'étang, la question devient plus complexe. En effet, des individus peuvent quitter l'étang et pénétrer dans le cours d'eau qui le traverse. Recapturés, appartiennent-ils au capteur qui s'en empare légalement dans le cours d'eau où il les a trouvés en liberté ou au propriétaire de l'étang ? Nous estimons que ce dernier n'en pourrait réclamer la propriété que s'il parvenait à prouver que les individus capturés sont nés dans l'étang.

En effet dans ce cas particulier de pièces d'eau traversées par des eaux courantes, il peut toujours se faire que des poissons prenant naissance dans les eaux courantes, pénètrent dans l'enclos à l'état d'alevins par exemple, et en sortent après y avoir séjourné : on peut de plus remarquer que la nourriture des individus vivant dans l'enclos est en partie fournie par les cours d'eau. Les droits de propriété du possesseur de l'enclos sont donc extrêmement discutables et ne peuvent prévaloir contre ceux du capteur qui, par son

travail et son industrie, s'est rendu maître en eau libre
des individus capturés.

Troisième Catégorie. — *Espèces ralliées.*

On peut ranger dans ce groupe (1) :
Les abeilles ;
Les pigeons de colombier.

Ces espèces sont caractérisées par le fait que la
seule intervention de l'homme se borne à créer pour
elles des abris où elles trouvent des conditions nécessaires à leur subsistance : qu'elles cherchent elles-
mêmes leur nourriture dans les environs de leurs de-
meures, et que l'homme peut intervenir, s'il le désire
dans leur reproduction puisque, tant pour les abeil
les que pour les pigeons de colombier, il parvient
à créer des variétés à l'aide de croisements.

La souche ancestrale des pigeons nous est connue
(bizet). Il existe, à l'état sauvage, diverses variétés ou
sous-espèces d'abeilles.

On peut dire, que dans la règle, les individus de
ces deux espèces ont « l'esprit de retour » car en
temps ordinaire ils reviennent naturellement dans
leurs abris qu'ils savent retrouver. Mais lorsqu'il y a

---

1. C'est surtout ces deux espèces qu'ont envisagées les jurisconsultes
romains.

surpopulation toutes deux peuvent « essaimer », c'est-
à-dire que des individus, en plus ou moins grand
nombre, et dans des conditions particulières résultant
des mœurs de l'espèce, peuvent chercher ailleurs un
abri pour remplacer celui qu'ils occupaient devenu
insuffisant.

De toute évidence, les abeilles et les pigeons de
colombier, pendant qu'ils séjournent dans les abris
créés pour eux, appartiennent au propriétaire des
abris, puisqu'ils ne subsistent que par suite du travail de ce propriétaire, à charge par lui cependant,
de dédommager les voisins auxquels un tort pourrait
être causé, par la recherche de la nourriture en dehors
des champs du propriétaire.

Que doit-on décider de la « propriété » de ces
espèces, lorsque les animaux quittent l'abri où ils ont
pris naissance pour aller s'établir ailleurs ?

En principe il nous paraît qu'on doit admettre que
la propriété de l'éleveur primitif subsiste entière,
tant qu'il peut faire la preuve que les individus
réclamés sont bien issus des abris lui appartenant.
L'animal, en effet, est né chez lui, son existence
même est le produit de son industrie, et tant que,
par un acte de sa libre volonté, il n'en fait pas aban-
don, il appartient indéfiniment à celui qui a fait le
nécessaire pour lui donner la vie et la lui conserver.
Le juge, à notre avis, devrait avoir uniquement à
rechercher si la preuve du fait que « l'essaim » est

bien sorti des abris du demandeur est suffisamment
concluante.

Espèces sauvages

L'homme peut s'approprier des individus isolés
d'espèces vivant à l'état sauvage, soit en les « appri-
voisant », soit en les retenant captifs. Il ne s'agit
plus, dans ce cas, d'espèces dont tous les individus
ont été soumis, mais, comme nous le disons, « d'individus isolés ». Nous examinerons successivement
ces deux cas.

Animaux sauvages apprivoisés. — Nous devons
d'abord essayer de donner, s'il est possible de le
faire, une définition générale du mot « apprivoisé ».
Nous pensons qu'on peut dire d'un animal qu'il est
apprivoisé lorsque l'homme est parvenu à prendre
sur lui un empire suffisant pour que, laissé en liberté,
il ait perdu tout désir de s'enfuir pour retourner au
milieu de ses congénères sauvages. Ainsi nous ne
considérons point comme réellement « apprivoisé »
un animal qui, vivant en liberté, a pu cependant être
dressé à reconnaître la voix de son maître, à venir à
son appel — en général pour recevoir de la nourriture — mais qui retourne ensuite au milieu des
autres individus de son espèce et vit normalement
avec eux. (On cite d'assez nombreux exemples de

cet « apprivoisement » incomplet : nous en dirons
quelques mots plus loin).

Le nombre des espèces sauvages chez lesquelles
il est possible d'habituer certains individus à vivre
en contact avec l'homme sans chercher à reprendre
leur liberté est extrèmement considérable. Si on
laisse de côté, d'une part les organismes tout à fait
inférieurs de la série zoologique dont beaucoup vivent
fixées dans un milieu aquatique souvent à l'état de
colonies immobiles et d'autre part les formes ter-
restres à vie psychique à peine existante, on peut
dire que dans presque toutes les classes du règne
animal il est possible d'apprivoiser des individus
isolés.

Dans son remarquable ouvrage sur *l'Intelligence
des animaux*, ouvrage dans lequel se trouvent réu-
nies un très grand nombre d'observations ayant
tout le caractère de la précision scientifique, Romanes (1) cite d'assez nombreux exemples de batra-
ciens (crapauds et grenouilles) et de serpents qu'on a
pu habituer à la privation de leur liberté et à reconnaître leur maître. Tout le monde sait, d'autre part,

---

1. Romanes fait remarquer, avec raison, que les affinités zoologi-
ques ne peuvent pas servir de base à une classification psychologique
des êtres, et que, par exemple, l'*intelligence* des espèces inférieures
de poissons est beaucoup moins developpée que celles de certains
insectes appartenant aux groupes supérieurs de cette classe.

avec quelle facilité on apprivoise un grand nombre
d'oiseaux, et, enfin, dans le grand embranchement
des mammifères, il n'existe probablement pas une
seule famille où il soit impossible de réussir à apprivoiser certains individus. Dans l'ouvrage dont nous
venons de parler on trouve de curieux exemples se
rapportant aux chauves-souris, aux phoques (qui s'ap-
privoisent très aisément) aux loutres, à plusieurs
formes de petits rongeurs, et, naturellement, en bien
plus grand nombre encore, aux grands animaux,
carnivores, ruminants, pachydermes, singes, etc., etc.

Comme on le sait, l'instinct sexuel est le premier
instinct modifié par un changement brusque dans
les conditions d'existence : aussi, suivant une règle
qui souffre peu d'exceptions, les animaux apprivoisés ne se reproduisent-ils pas pendant qu'ils sont
sous la dépendance de l'homme alors même que
celui-ci a apprivoisé un couple et quoique les accou-
plements soient, parfois, très fréquents.

Dans la règle également, le propriétaire d'un
individu apprivoisé subvient à sa subsistance, que, le
plus souvent, l'animal lui-même ne parviendrait pas
à se procurer dans les conditions nouvelles où il se
trouve.

Il ne peut exister aucun doute relativement à la
propriété de l'animal apprivoisé pendant qu'il reste
en contact avec celui qui l'a capturé et qui en de-

meure le propriétaire indiscuté tant qu'il s'occupe de lui et le maintient à l'état apprivoisé.

Mais que doit-on conclure dans le cas où l'animal, imparfaitement habitué à sa nouvelle existence, s'enfuit et retourne ou essaie de retourner parmi ses congénères? Nous estimons que, si ce fait se produit, le propriétaire primitif perd entièrement son titre, et que s'il arrive que l'animal soit capturé de nouveau, il devient la propriété du deuxième capteur. Celui-ci, en effet, pour s'emparer de l'animal, a dû exercer la même industrie, et, parfois, courir les mêmes dangers que le capteur primitif : il a donc acquis les mêmes droits.

La question est plus complexe si l'animal est recapturé alors qu'il n'a pas encore repris complètement sa liberté, c'est-à-dire *pendant* sa fuite. Le juge aurait alors, suivant nous, à examiner les circonstances du fait et à se prononcer suivant que ces circonstances permettront de décider que l'animal est *encore* en fuite ou a complètement repris la vie sauvage. Dans le premier cas il pourrait se faire qu'il eût à conclure que l'animal est encore la propriété du premier capteur.

Cette question est intéressante car elle peut se présenter non seulement par exception, pour des individus occasionnellement apprivoisés, et pour ainsi dire en théorie, mais dans la pratique et pour des animaux dont la propriété peut représenter un intérêt considérable. On doit, en effet, considérer comme faisant partie de ce groupe, quatre espèces que non seulement l'homme apprivoise, mais qu'il utilise dès qu'il les a habitués à vivre à son contact. Ce sont les espèces suivantes :

Éléphants, espèce asiatique (1) ;

Faucons ;

Guêpards ;

Cormorans.

Ces quatre formes ne se reproduisent pas pendant qu'elles sont sous la dépendance de l'homme. Il doit se les procurer par la capture d'individus sauvages qu'on dresse pour l'utilisation à laquelle on les destine. En général on les utilise dans leur pays d'origine, là où vivent, à l'état de liberté, l'espèce dont ils font partie.

On comprend que, pour ces espèces utilisées, et rendant des services constants, la question de propriété, lorsqu'ils viennent à s'enfuir, puisse devenir une affaire importante.

Elle a été résolue de différentes façons par des lois positives ou des coutumes fixées en ce qui con-

---

1. « Il est intéressant de remarquer, que, très probablement, l'élé-
«phant d'Afrique avait été domestiqué par les anciens (Carthaginois) ;
«de nos jours cette espèce est tout entière sauvage; mais on a entre-
«pris tout récemment des essais de dressage au Congo belge et au
« Congo français. »

cerne les éléphants. D'après ce que l'on croit savoir, dans certains codes anciens (par exemple ceux des rois candiens à Ceylan) ces grands animaux qui représentaient une valeur considérable, étaient considérés comme appartenant au Prince lorsqu'ils vivaient à l'état sauvage, et ceux qui retournaient à la vie libre demeuraient propriété du Prince. Il existait également, au moyen-âge, quelques coutumes réglant la propriété du faucon ayant quitté son maître si celui-ci pouvait le reconnaître lors d'une deuxième capture.

En l'absence de toute loi et de toute coutume, nous pensons que le principe à admettre pour ces quatre formes animales est le même que celui que nous avons admis pour l'ensemble du groupe des animaux sauvages apprivoisés dont ils font partie : c'est-à-dire que le juge pourrait avoir à estimer si l'animal est encore en fuite ou s'il a déjà complètement repris sa liberté au milieu de ses congénères. Dans le premier cas, à charge par le propriétaire de faire la preuve de son titre et à condition que le deuxième capteur soit dédommagé de son travail, l'animal serait attribué au propriétaire primitif. Dans le deuxième cas, celui-ci perdrait entièrement tout droit sur l'animal qui deviendrait la propriété du deuxième capteur.

Il nous reste à dire un mot des cas, assez rares, et

pratiquement peu importants, où l'animal obéit bien
à celui qui a su le dresser en accourant à sa voix,
mais ne reste pas en contact avec lui, et retourne au
milieu de ses congénères, avec lesquels il vit normalement. Romanes cite des faits intéressants de ce
genre se rapportant à des serpents, à des grenouilles, à des tortues, à des oiseaux, etc. (1)

Nous pensons que dans ces cas, rares comme nous
l'avons dit, on doit admettre que l'animal reste *res
nullius* et n'est pas la propriété de celui qui l'a in-
complètement apprivoisé, ne le nourrit point et ne
l'a point fait naître.

Animaux apprivoisés captifs. — Rentreraient dans
ce groupe les animaux qu'on réunit dans les ménageries publiques ou privées dans un but scientifique
ou pour les exhiber : ceux qui capturés, souvent
occasionnellement, sont conservés sans raison bien
déterminante et par curiosité : les nombreux oiseaux
qu'on maintient en cage pour jouir de leurs chants
ou de leurs plumages : enfin quelques poissons ou
reptiles conservés en aquarium. Sauf de rares excep-

---

1. Des poissons même peuvent se dresser à cette forme particulière
« d'apprivoisement ». Tous les paysans chinois ont, à côté de leur
demeure, des mares où ils élèvent des cyprins dont ils se nourrissent. Ces poissons s'habituent très rapidement à venir à la voix de
leur maître, chercher sur la berge, la nourriture qu'on leur distribue
chaque jour.

tions (grands carnivores dans les ménageries ambulantes) ces animaux alors même qu'il s'agit d'un couple captif, ne se reproduisent pas en captivité.

Comme dans le cas précédent, il est de toute évidence que ces individus sont la propriété du capteur. S'ils s'enfuient nous pensons qu'on doit tenir le même raisonnement et adopter le même principe que pour les animaux sauvages apprivoisés...

CONCLUSIONS

Quelle conclusion générale et quels principes relatifs à la propriété des animaux domestiques pouvons-nous tirer des considérations que nous venons de présenter ?

Nous avons vu :

A. — *Que les animaux domestiques proprement dits* : 1° vivent au contact de l'homme et ont l'esprit de retour ; 2° qu'ils sont nourris par lui; 3° qu'ils se reproduisent sous son contrôle et sa direction.

B. — Que les *animaux domestiques captifs* : 1° n'ont pas « l'esprit de retour » ; 2° sont nourris par l'homme; 3° se reproduisent sous son contrôle et sa direction.

C. — Que les *animaux ralliés* : 1° ont l'esprit de retour ; 2° ne sont pas nourris par l'homme; 3° peuvent se reproduire sous son contrôle et sa direction.

D. — Que les animaux sauvages que l'homme

dompte et « utilise » et qu'on peut, par conséquent, considérer comme des animaux, sinon domestiques, du moins domestiqués, (éléphants, faucons, etc.), 1° ont « l'esprit de retour », dès qu'ils sont domptés ; 2° sont nourris par l'homme ; 3° ne se reproduisent pas sous son contrôle et sa direction.

Il n'existe donc aucune définition générale, basée soit sur « l'esprit de retour », soit sur la fourniture des aliments, soit, enfin, sur la reproduction, se rapportant aux quatre catégories d'animaux qu'on peut considérer comme domestiques.

En existe-t-il se rapportant aux jeunes au moment de leur naissance ? Évidemment non, car ces jeunes se comportent différemment suivant qu'ils appartiennent aux animaux domestiques proprement dits, captifs ou ralliés et pour les animaux sauvages domestiqués l'homme ne dispose pas des jeunes puisque ceux-ci naissent de parents vivant à l'état libre et sauvage.

A notre avis on doit donc conclure qu'en droit, il existe, non pas une seule catégorie d'animaux domestiques, mais bien les quatre catégories que nous avons admises et pour lesquelles nous avons donné des définitions.

Relativement à la propriété de ces animaux nous pensons qu'on pourrait adopter les principes suivants :

1° Les *animaux domestiques proprement dits* restent indéfiniment la propriété de celui chez lequel ils sont nés ;

2° Les *animaux domestiques captifs* sont la propriété de celui chez lequel ils sont nés tant qu'il les maintient en captivité. En cas de fuite ils sont la propriété du capteur, sauf pendant la fuite.

3° Les *animaux ralliés*, sont la propriété de celui dans l'abri duquel ils sont nés. En cas d'essaimage ils demeurent sa propriété tant qu'il peut faire la preuve de son titre.

4° Les *animaux sauvages soit apprivoisés soit domestiqués* sont la propriété du capteur tant qu'ils ne retournent pas à la vie sauvage au milieu de leurs congénères : dans ce cas ils deviennent la propriété du deuxième capteur.

Nous pouvons, maintenant, appliquer ces principes au cas spécial des phoques à fourrure de la mer de Behring dont nous avons fait connaître en détail (Chapitre III) le genre de vie et les mœurs, et rechercher si ces amphibies sont des animaux domestiques, apprivoisés, ou sauvages.

Nous savons : qu'ils ne vivent pas au contact de l'homme ; que celui-ci ne leur fournit pas leur nourriture ; qu'il n'intervient pas pour régler leur reproduction, car s'il détient un certain nombre de mâles, il ne peut, en rien, diriger les unions et régler à son gré la formation des couples ; que ces animaux n'ont pas « l'esprit de retour » proprement dit, l'instinct qui les ramène sur une plage déterminée au moment de la reproduction, ne pouvant en rien se comparer à l'instinct spécial qui les ramènerait au contact de l'homme. Enfin, il est bien évident qu'on ne peut pas les considérer comme des animaux sauvages apprivoisés.

Dans ces conditions on doit nécessairement conclure que les phoques à fourrure sont bien des animaux sauvages proprement dits.

Sans doute, pendant qu'ils séjournent sur des plages ou dans des eaux territoriales appartenant aux États-Unis, ils demeurent la propriété indiscutable du gouvernement américain, puissance souveraine de ces plages et de ces eaux ; mais en pleine mer ce sont des animaux de chasse, et en les poursuivant et en les capturant en dehors des eaux territoriales, les pêcheurs canadiens et anglais poursuivent et capturent des animaux sans propriétaire.

PROTECTION

Si on résume les mémoires, les contre-mémoires, les notes diplomatiques et documents divers, et, enfin, les plaidoiries des commissaires américains au sujet de la protection des phoques, on voit que le gouvernement des États-Unis a soutenu les quatre thèses suivantes :

1° L'anéantissement de l'espèce des phoques à fourrure constitue une entreprise *contra bonos mores;*

2° La pêche pélagique des phoques, telle que la pratiquent depuis 1886 les pêcheurs canadiens et anglais entraînera, à bref délai, la disparition complète de l'espèce des phoques à fourrure.

3° La réglementation adoptée par le gouvernement américain et imposée à la Compagnie concessionnaire pour l'utilisation industrielle du troupeau est telle que, à chaque saison, le croît seul de ce troupeau est sacrifié et que, par conséquent, l'espèce est complètement protégée.

4° Les États-Unis, propriétaires des territoires sur lesquels les phoques se reproduisent, sont qualifiés pour veiller à la conservation du troupeau dont la disparition entraînerait, pour eux, un sérieux dommage.

Nous examinerons successivement ces quatre points en faisant connaître les thèses contraires soutenues par les commissaires et le gouvernement anglais lorsqu'ils ont eu à contredire les opinions de leurs adversaires.

1° L'anéantissement de l'espèce des phoques à fourrure constituerait une entreprise *contra bonos mores.*

On sait que la peau des phoques de la mer de Behring, après un traitement industriel approprié, se transforme en une fourrure de grande valeur qui est l'objet d'un commerce important (1). Les Américains en soutenant que la préservation des phoques à fourrure intéressait l'humanité en général se sont donc placés à un point de vue dont l'exactitude ne saurait être contestée.

Si ces animaux passaient leur vie tout entière sur le territoire d'un pays et que ce pays édictât des lois telles que la disparition de l'espèce dût nécessairement en résulter, il n'existerait aucun moyen, autre que celui de représentations amicales, pour empêcher la puissance intéressée d'abuser de son droit de propriétaire exclusif. C'est seulement, en effet, dans le cas où une nation voudrait anéantir une chose *indispensable* à l'existence même de l'homme que pourrait se justifier une intervention effective des autres nations. Pour les phoques dont la fourrure est seulement *utile* mais non *indispensable*, on pourrait regretter l'acte inconsidéré par lequel un gouvernement tolérerait la destruction totale de cette source de richesses communes, mais une action des autres peuples où il serait fait usage de la force ne se justifierait pas en droit. Mais, comme on le sait, les phoques passent une grande partie de leur existence en mer libre, bien en dehors des eaux pouvant être considérées comme territoriales, c'est-à-dire en

---

1. Le marché de ces fourrures est à Londres, et c'est également dans des usines anglaises que les peaux reçoivent la préparation nécessaire.

des points où tous les peuples entendent, avec raison, avoir et exercer des droits entièrement égaux :
toute entreprise dans ces eaux communes ayant soit
comme but, soit comme résultat l'extinction-complète
d'une espèce utile constitue bien une entreprise
contra bonos mores.

On pourrait, s'il était nécessaire d'insister, supposer d'autres cas analogues où la conclusion serait la
même. Admettons, pour un instant, que les pêcheurs
de harengs de la mer du Nord emploient une méthode de pêche (la dynamite par exemple) fructueuse
mais décidément nuisible à la conservation de l'espèce, et qu'un gouvernement autorise ouvertement
et légalement ses nationaux à pratiquer cette pêche ;
il est évident que, non seulement tous les gouvernements intéressés à la pêche elle-même, mais toutes les autres nations auraient le droit de s'opposer
à de tels agissements.

Comme le dit le ministre des Affaires étrangères
américain, dans une de ses notes diplomatiques qui
a une importance toute spéciale car elle a été communiquée aux autres Puissances : « La loi de la mer
« n'est pas une absence de loi et la liberté qu'elle
« confère et protège ne peut être détournée de son
« but pour justifier des actes qui sont immoraux en
« eux-mêmes et qui vont, incontestablement, contre
« le bien-être du genre humain. »

Il nous semble inutile de nous étendre davantage

sur ce point. Du reste, le gouvernement anglais n'a jamais formellement prétendu que l'entreprise de la destruction des phoques à fourrure n'était pas *contra bonos mores;* et lord Salisbury a même nettement reconnu dans une de ses notes au gouvernement de Washington l'importance qu'avait pour tout le monde, et spécialement pour les États-Unis, la préservation de ces animaux.

2° La pêche pélagique des phoques, telle que la pratiquent depuis 1886 les pêcheurs canadiens et anglais, entraînera, à bref délai, la disparition complète de l'espèce des phoques à fourrure.

Nous avons donné des détails complets sur la méthode employée pour capturer les phoques à fourrure en pleine mer, et nous avons résumé l'enquête de la « Joint-Commission » au sujet du résultat de cette pêche. Nous avons fait remarquer les contradictions nombreuses et de toute nature qu'on trouve dans les appréciations des commissaires anglais et américains, et nous avons insisté sur le manque absolu d'impartialité des témoins (intéressés) qui ont été interrogés par les commissaires anglais. Cependant, en analysant ces dépositions, en se reportant aux renseignements impartiaux fournis par les naturalistes, nous avons pu conclure, contre l'opinion des Anglais et avec une certitude absolue, que la disparition complète de l'espèce des phoques à fourrure devait nécessairement résulter de la pêche pélagique,

comme elle était pratiquée dans la mer de Behring.
Ce qui s'est produit pour les phoques de l'hémisphère
sud, qui ont presque totalement disparu, et très
rapidement, en l'absence de toute réglementation
suffirait à démontrer l'exactitude de notre conclusion.

Nous admettons donc que les conseils américains
ont nettement établi que la pêche pélagique aurait
comme résultat l'extinction de l'espèce des phoques
à fourrure de l'Alaska.

3° La réglementation adoptée par le gouvernement
américain et imposé à la Compagnie concessionnaire
pour l'utilisation industrielle du troupeau de phoques, est telle que, à chaque saison, le croît seul de
ce troupeau est sacrifié, et, par conséquent, l'espèce
est complètement protégée.

A cette affirmation du gouvernement américain
les commissaires anglais ont répondu que, tel qu'il
était pratiqué par la Compagnie concessionnaire, le
sacrifice des jeunes mâles suffirait pour amener la
disparition du troupeau.

De ces deux opinions, diamétralement contraires,
laquelle doit-on adopter?

Nous savons qu'au moment où les navigateurs russes découvrirent les îles Pribilof, les phoques qui
revenaient chaque année sur ces îles au moment de
la reproduction étaient en nombre prodigieux et que
ce nombre a diminué dans une énorme proportion.
Les mesures adoptées pour conserver le troupeau,

tout en l'utilisant, paraissent, au premier abord, très rationnelles et logiques. L'espèce est, en effet, fortement polygame, et les vieux mâles, à ce qu'il semble, parviennent à repousser les jeunes et à s'emparer seuls des femelles prêtes à être fécondées. En sacrifiant uniquement les jeunes mâles on pourrait donc croire que, dans son ensemble, la « production » n'est pas entravée.

Mais il est extrêmement difficile de se faire, à ce sujet, une opinion ayant un caractère de certitude absolue. Les changements les plus insignifiants dans les conditions d'existence des formes sauvages peuvent avoir une répercussion profonde et tout à fait imprévue sur la vie d'une espèce. Les lois biologiques qui régissent la reproduction des animaux sont, en effet, d'une complexité extrême et l'étude la plus attentive ne permet pas, en général, de bien connaître tous les facteurs du problème. En tous cas, cette étude doit être très longtemps prolongée, en employant des méthodes strictement scientifiques et à l'aide de calculs aussi exacts que possible. Les statistiques imparfaites et approximatives qui ont été établies à propos du troupeau de phoques à fourrure ne sont nullement concluantes ; et il faudrait les établir pendant longtemps encore avec toute l'exactitude désirable, pour arriver à savoir si la méthode appliquée est bien de nature à donner le résultat cherché. Qui nous dit que les vieux mâles, ayant moins à combattre pour la possession des femelles, n'en réunissent pas, dans leurs « harems », un nombre trop considérable pour que celles-ci soient fécondées sans qu'il en résulte d'inconvénients pour le nombre et la survie des produits ? Qui nous dit que les jeunes mâles ne jouent pas quelque rôle dans la défense du troupeau pendant la vie pélagique ? Ne doit-on pas admettre que la conduite aux abattoirs de mâles qu'on relâche ensuite parce qu'ils ne sont pas à l'âge voulu pour être sacrifiés, n'a pas des résultats défavorables ? (Les Anglais ont, avec raison, insisté beaucoup sur ce point.) D'autres causes encore peuvent intervenir, et, en résumé, il nous semble qu'on doit conclure que les Américains n'ont pas fait entièrement la preuve que la méthode adoptée d'abord par les Russes, et un peu perfectionnée par eux, n'est pas de nature à compromettre l'existence de l'espèce. Mais nous devons reconnaître en même temps, que si le problème est difficile, il est loin d'être insoluble et qu'en continuant à étudier, avec une attention soutenue, les mœurs des phoques on arrivera, certainement, à obtenir le résultat cherché, qui est, en dernière analyse, d'utiliser le troupeau sans compromettre son existence.

4° Les États-Unis, propriétaires des territoires sur lesquels les phoques se reproduisent, sont qualifiés pour veiller à la conservation du troupeau, dont la disparition entraînerait, pour eux, un sérieux dommage.

Il est de toute évidence que la destruction du troupeau de phoques des îles Pribilof causerait un préjudice important au gouvernement américain, et, sur ce point, les Anglais n'ont jamais fait aucune objection.

Reste à savoir si les États-Unis ont qualité, et ont seuls qualité, pour veiller à la conservation d'animaux qui, se reproduisant sur leur territoire, passent une partie de leur existence dans la mer libre, domaine commun de tous les peuples. Il n'est pas certain, comme nous venons de le voir, que la méthode adoptée par les États-Unis pour utiliser industriellement le troupeau soit à l'abri de toute critique ; mais on peut très bien admettre, comme nous l'avons fait, qu'on arriverait assez facilement à une réglementation satisfaisante. Supposons qu'il en soit ainsi. Les États-Unis retirent un profit considérable de l'exploitation du troupeau, puisque, d'une part, le gouvernement reçoit une somme importante de la Compagnie concessionnaire, et que, d'autre part, celle-ci dont les capitaux sont américains, rémunère ses actionnaires. Si, sur le domaine commun à toutes les nations de la mer ouverte, il est interdit de capturer les phoques, il en résulte, nécessairement, un dommage pour tous les autres pays. Toutefois, puisqu'il est démontré que cette capture en pleine mer amènerait la disparition de l'espèce, ce qui serait au détriment de 'humanité en général, la pèche pélagique constitue bien une entreprise *contra bonos mores* et, en droit, elle doit être interdite. Mais puisque cette interdiction est conforme aux vrais principes du droit international, elle doit être générale et s'étendre à tous les peuples dont les citoyens sont également lésés. Il y a là, en effet, une restriction à leur droit de pêche au large, restriction à laquelle ils doivent, il est vrai, consentir, mais qui ne peut leur être imposée que par leur souverain. Les autres puissances auraient donc dû, à notre appréciation, être parties dans l'affaire qui les intéressait au même titre que l'Angleterre.

En tous cas, l'interdiction devant forcément amener des mesures de coercition contre les délinquants ne pouvait être formulée qu'autant que toutes les nations auraient été consultées et auraient dûment reconnu et admis la nécessité de ces mesures. Ceci admis, convenait-il de confier au gouvernement américain, principal intéressé, il faut le reconnaître, la surveillance et la répression de la pêche pélagique ? C'est une question de pratique, sans importance au point de vue du droit proprement dit, car on comprend que la police aurait pu être tout aussi bien exclusivement américaine qu'internationale. Mais à ce qu'il semble, les frais occasionnés par la surveillance auraient dû incomber, en entier, aux États-Unis dans l'unique intérêt desquels elle se serait exercée.

En résumé, nous arrivons aux conclusions suivantes sur l'ensemble des questions relatives à la propriété et à la protection des phoques revendiquées par les États-Unis :

1° Les phoques des îles Pribilof ne peuvent pas être considérés comme ayant, à quelque degré que ce soit, le caractère d'animaux domestiques ou d'animaux sauvages apprivoisés.

2° Les États-Unis n'ont aucun droit particulier de propriété ou de protection sur ces phoques quand ils sont en pleine mer.

3° La capture de ces animaux en pleine mer constitue une entreprise *contra bonos mores* et doit être interdite aux citoyens de toutes les nations, car il est démontré que la pêche pélagique entraînerait inévitablement l'extinction totale de l'espèce.

4° Il n'est pas certain que la réglementation actuellement adoptée par le gouvernement des États-Unis pour l'exploitation du troupeau soit sans inconvénient pour la conservation de l'espèce, mais on peut certainement arriver à une réglementation qui produirait ce résultat.

Le Tribunal d'Arbitrage a, en principe, conclu dans le même sens sauf sur un point. Il n'a pas admis que la pêche pélagique dût être totalement supprimée, mais seulement réglementée. — Nous faisons connaître, dans un appendice, le texte de la réglementation adoptée.

Nous remarquerons en terminant que le Tribunal n'a pas eu à se prononcer, sur le point spécial, le plus important de tous à notre avis, de la nécessité de l'adhésion des autres puissances. Il était, en effet, strictement lié par les articles du traité qui l'avait constitué puisque l'article VII dudit traité est ainsi conçu :

« Si la discussion des questions qui précèdent en
« ce qui concerne la juridiction exclusive des États-
« Unis, laisse les choses en tel état que le concours
« de la *Grande-Bretagne* soit nécessaire pour les
« règlements en vue de la protection et de la pré-
« servation convenable des phoques à fourrure habi-
« tant ou fréquentant la mer de Behring, les arbitres
« auront à déterminer quels règlements communs
« sont nécessaires en dehors des limites de la juri-
« diction des gouvernements respectifs et sur quelles
« eaux ces règlements devront s'appliquer... »

Il est probable, du reste, que si la question de l'adhésion de toutes les puissances fut envisagée par les arbitres, ceux-ci considérèrent comme suffisant à ce point de vue le dernier alinéa dudit article VI ainsi conçu :

« Les Hautes Parties contractantes s'engagent, en
« outre, à unir leurs efforts pour obtenir l'adhésion
« des autres puissances à ce règlement. »

Nous sommes parvenu au terme de notre examen ; on voit que sur tous les points de droit le Tribunal a donné raison aux prétentions de l'Angleterre : sur le seul point important de fait il lui a imposé une réglementation interdisant aux marins de se livrer à la pêche pélagique des phoques à fourrure sans restriction, ni mesure comme ils le faisaient antérieurement, de sorte que, pratiquement, les États-Unis qui n'ont jamais demandé autre chose que l'interdiction totale de cette pêche ont obtenu, en partie, gain de cause.

APPENDICE

Règlement adopté par les gouvernements de la Grande-Bretagne et des États-Unis pour la pêche pélagique dans la mer de Behring.

Les deux Arbitres américains ont voté contre les règlements communs qui n'ont ainsi réuni que la majorité absolue des suffrages. Ils demandaient l'interdiction totale de la pêche pélagique et, si on se reporte à ce que nous avons vu de la capture des femelles en pleine mer, on doit estimer qu'ils étaient dans le vrai. Mais, |comme il arrive le plus souvent, les Arbitres ont adopté la solution du compromis entre les deux opinions opposées.

D'après les renseignements que nous avons pu nous procurer, les résultats de la réglementation, depuis qu'elle est en vigueur, ont été mauvais, et la presse des États-Unis mène actuellement une campagne pour en obtenir la rèvision.

Règlements communs

ARTICLE PREMIER

Les gouvernements des États-Unis et de la Grande-Bretagne interdisent à leurs citoyens et sujets res-

pectifs de tuer, prendre ou poursuivre en tout temps
et de quelque manière que ce soit, les animaux communément appelés phoques à fourrure, dans une
zone de 60 milles (1) autour des îles Pribilof en y
comprenant les eaux territoriales.

Les milles mentionnés dans le paragraphe précédent sont des milles géographiques de 60 au degré
de latitude.

ARTICLE 2

Les deux gouvernements interdiront à leurs citoyens
et sujets respectifs de tuer, prendre ou poursuivre
les phoques à fourrure, de quelque manière que
ce soit, pendant la saison s'étendant chaque année
du 1ᵉʳ mai au 31 juillet exclusivement, sur la haute
mer, dans la partie de l'Océan Pacifique, en y comprenant la mer de Behring, située au nord du 55ᵉ degré
de latitude nord et à l'est du 180ᵉ degré de longitude de Greenwich jusqu'à sa rencontre avec la limite
maritime décrite dans l'article 1ᵉʳ du traité de 1867
entre les États-Unis et la Russie et ensuite à l'est de
cette ligne jusqu'au détroit de Behring.

ARTICLE 3

Pendant la période de temps et dans les eaux où
la pêche des phoques à fourrure demeurera permise

---

1. Soixante milles représentent 111 kilomètres.

les navires à voiles seront seuls admis à l'exercer ou à s'associer aux opérations de cette pèche. Ils auront cependant la faculté de se faire assister par des pirogues ou autres embarcations non pontées, mues par des pagaies, des rames ou des voiles du genre de celles qui sont communément employées comme bateaux de pêche.

ARTICLE 4

Tout navire à voiles autorisé à se livrer à la pèche des phoques à fourrure devra être muni d'une licence spéciale délivrée à cet effet par son gouvernement et devra porter un pavillon distinctif qui sera déterminé par ledit gouvernement.

ARTICLE 5

Les patrons des navires engagés dans la pèche des phoques à fourrure devront mentionner exactement sur leurs livres de bord la date et le lieu de chaque opération de pèche de phoques à fourrure ainsi que le nombre et le sexe des phoques capturés chaque jour. Ces mentions devront être communiquées par chacun des deux gouvernements à l'autre à la fin de chaque saison de pèche.

ARTICLE 6

L'emploi des filets, des armes à feu et des explosifs sera interdit dans la pèche des phoques à four-

rure. Cette restriction ne s'appliquera pas aux fusils
de chasse quand cette pêche sera pratiquée en dehors
de la mer de Behring et pendant la saison où elle
pourra être légitimement exercée.

ARTICLE 7

Les deux gouvernements prendront des mesures
pour contrôler l'aptitude des hommes autorisés à
exercer la pêche des phoques à fourrure : ces
hommes devront être reconnus aptes à manier avec
une habileté suffisante les armes au moyen desquelles cette pêche pourra être faite.

ARTICLE 8

Les règlements contenus dans les précédents articles ne s'appliquent pas aux Indiens habitant sur les
côtes du territoire des États-Unis ou de la Grande-
Bretagne et pratiquant la pêche des phoques à fourrure dans des pirogues ou embarcations non pontées,
non transportées par d'autres navires, ni employées
à l'usage de ceux-ci, mues exclusivement à l'aide de
pagaies, d'avirons ou de voiles et manœuvrées, chacune, par cinq personnes au plus de la manière jusqu'à présent usitée par les Indiens, pourvu que
ceux-ci ne soient pas engagés au service d'autres
personnes et qu'alors qu'ils chassent ainsi dans des
pirogues ou embarcations non pontées, ils ne pour-

suivent pas les phoques à fourrure en dehors des
eaux territoriales en vertu d'engagements contractés
pour la livraison des peaux à une personne quelconque.

Cette exception n'aura pas pour effet de porter
atteinte à la législation nationale de l'un ou de l'autre des deux pays. Elle ne s'étendra pas aux eaux de
la mer de Behring ni aux eaux des passes Aléoutiennes.

Aucune des dispositions qui précèdent n'a pour
objet de s'opposer à ce que les Indiens soient employés comme chasseurs ou à tout autre titre, ainsi
qu'ils l'ont été jusqu'à présent, sur des navires se
livrant à la poursuite des phoques à fourrure.

ARTICLE 9

Les règlements communs établis par les articles
précédents, en vue de la protection et de la préservation des phoques à fourrure, demeureront en vigueur
jusqu'à ce qu'ils aient été en tout ou en partie abo-
lis ou modifiés par un accord entre les gouvernements des États-Unis et de la Grande-Bretagne.

Lesdits règlements communs seront soumis, tous
les cinq ans, à un nouvel examen, pour que les deux
gouvernements intéressés se trouvent en mesure
d'apprécier, à la lumière de l'expérience acquise,
s'il y a lieu d'y apporter quelque modification.